THE VELVET UNDERGROUND AND NICO

Joe Harvard

THE VELVET UNDERGROUND AND NICO

Tradução de
Thiago Lins

Cobogó

© Joe Harvard, 2004
Esta versão foi publicada a partir do acordo com a Bloomsbury Publishing Plc.

Para Mae Mae... e para os anjos sobre East Boston:
Bobby Trainor, Joe "Shoemaker" e os gêmeos.

SUMÁRIO

Sobre a coleção **O LIVRO DO DISCO**   9

Nota do autor   11

Agradecimentos   13

Introdução   17

1. Composição   35
2. As canções   95
3. Consequências   133

Bibliografia   143

Sobre a coleção O LIVRO DO DISCO

Há, no Brasil, muitos livros dedicados à música popular, mas existe uma lacuna incompreensível de títulos dedicados exclusivamente aos nossos grandes discos de todos os tempos. Inspirados pela série norte-americana 33 ⅓, da qual estamos publicando volumes essenciais, a coleção O Livro do Disco traz para o público brasileiro textos sobre álbuns que causaram impacto e que de alguma maneira foram cruciais na vida de muita gente. E na nossa também.

Os discos que escolhemos privilegiam o abalo sísmico e o estrondo, mesmo que silencioso, que cada obra causou e segue causando no cenário da música, em seu tempo ou de forma retrospectiva, e não deixam de representar uma visão (uma escuta) dos seus organizadores. Os álbuns selecionados, para nós, são incontornáveis em qualquer mergulho mais fundo na cultura brasileira. E o mesmo critério se aplica aos estrangeiros: discos que, de uma maneira ou de outra, quebraram barreiras, abriram novas searas, definiram paradigmas — dos mais conhecidos aos mais obscuros, o importante é a representatividade e a força do seu impacto na música, e em nós! Desse modo, os autores da coleção são das mais diferentes formações e gerações, escrevendo livremente sobre álbuns que têm relação íntima com sua biografia ou seu interesse por música.

O Livro do Disco é para os fãs de música, mas é também para aqueles que querem ter um contato mais aprofundado, porém acessível, com a história, o contexto e os personagens ao redor de obras históricas.

Pouse os olhos no texto como uma agulha no vinil (um cabeçote na fita ou um feixe de laser no CD) e deixe tocar no volume máximo.

Nota do autor

Não sou um crítico. Sou um músico, e esta não é uma tentativa de "explicar" o Velvet Underground, ou o seu primeiro e definitivo álbum. Minha intenção neste livro é compartilhar algo que acho interessante sobre o disco de estreia do grupo, sobre sua música e sobre seu modo de criá-la. Por vezes as fontes são confusas, até mesmo ao tratarem de questões básicas como quando e onde o disco foi gravado, e quanto tempo durou a produção; nesses casos, tentei investigar o quebra-cabeça em busca de uma solução. Por outro lado, tentei evitar a especulação e as fofocas, tão facilmente encontradas em muitos livros sobre o Velvet. Existe muito material por aí, bem como muitos fãs; se eventualmente eu deixei de notar algum detalhe perdido nesse enorme universo, peço desculpas a esses fãs.

As entrevistas utilizadas neste livro — além das transcrições das que eu mesmo realizei — vêm de inúmeras fontes, incluindo revistas, livros e sites. Muitas das citações são encontradas em diversos materiais colhidos sobre o Velvet Underground, mas, já que a maioria dos livros sobre rock evita usar notas e até mesmo bibliografias, é difícil traçar a origem de muitas delas. Quando há dúvida, sempre cito a fonte mais antiga que pude localizar. Pode parecer um tanto estranho para um livro de rock, mas procurei mostrar as fontes de que me vali por meio de notas de rodapé.

Em nossas conversas, Jonathan Richman me encorajou a um ceticismo saudável para que a falta de precisão e de confiabilidade do jornalismo sobre rock fosse combatida, e me alertou — particularmente — contra as muitas incoerências das citações. Ainda que não tenha perdido minha fé na integridade dos jornalistas musicais, existe uma inegável tendência a consagrar como fatos os rumores que se repetem um certo número de vezes (e os mais interessantes sempre são repetidos). Liberdade editorial não deve ser confundida com liberdade para matar; logo, fiz o que pude para evitar o assassinato de reputações, buscando fontes que confirmassem toda a informação que aqui se encontra.

Agradecimentos

Este livro não poderia ter sido escrito sem a ajuda editorial da extraordinária Cathy Mars. Mae Mae "Shoemaker" merece seu próprio livro: sem você, mãe, eu não seria capaz de ler, muito menos de escrever... Amo vocês duas. Meus agradecimentos a: Maureen e Enio; Rosemary e Barbara; Carla e Marisa; Catherine Boone, Dave "Bone" Pedersen, Richie "Cunningham" Maddalo, Bob Salvi e John Rosato.

Obrigado àqueles cujo trabalho guiou este livro, especialmente a: Victor Bockris, David Fricke, M.C. Kostek, Sal Mercuri, Olivier Landemaine, Phil Milstein, Legs McNeil e Gillian McCain. Comprem os livros deles, naveguem em seus sites. Dois dos melhores compositores e melhores amigos que me ajudaram: Jonathan Richman compartilhou conselhos e memórias, enquanto Joe Pernice compensou o fato de não ter contratado *strippers* para minha despedida de solteiro me colocando nesta coleção. Este livro já estava terminado quando o produtor Norman Dolph se dispôs a colaborar, o que me fez voltar ao computador sem titubear; devo a ele muitos agradecimentos e um bom charuto por seus *insights* atenciosos e insubstituíveis. Finalmente, muito obrigado ao editor da coleção 33 e $^{1}/_{3}$, David "dB" Barker, por ter uma ideia do cacete e por confiar que um cachorro velho como eu aprenderia um truque novo.

No início, Lou e eu possuíamos um fervor quase religioso sobre o que estávamos fazendo... mas, depois do primeiro disco, perdermos nossa paciência e nossa diligência. Não podíamos sequer lembrar quais eram nossos preceitos.[1]

— JOHN CALE

A primeira vez que ouvi o disco The Velvet Underground and Nico (...) simplesmente odiei o som. Pensei: "Como alguém pode fazer um disco que soe como essa merda? Isso é nojento! Essas pessoas me dão nojo! Malditos vermes hippies nojentos! Seus beatniks fodidos, quero matar todos vocês! Esse som é um lixo!"

Então, uns seis meses depois ele me pegou de jeito: "Meu Deus! NOSSA! Esse disco é bom pra cacete!"[2]

— IGGY POP

---

[1] Mcneil, Legs & Gilliam McCain. *Please Kill Me*. Nova York: Penguin Books, 1997.
[2] McNeil, p. 17.

Introdução

Estamos numa época em que os críticos citam o Velvet Underground como uma das bandas de rock mais influentes de todos os tempos. Até mesmo aqueles que reconhecidamente não gostam do grupo ou que têm problemas em relação à preferência da banda por "letras explícitas" (a alta visibilidade dada às drogas e ao chamado "sexo com desvio comportamental", por exemplo) são obrigados a admitir a enorme influência do grupo no rock moderno. Toda lista que se refere ao "rock como é tocado hoje" tende a colocar a banda entre os dois ou três primeiros lugares. Na lista dos "quinze álbuns mais influentes de todos os tempos" (que não foram gravados pelos Beatles, por Bob Dylan, por Elvis ou pelos Rolling Stones) da revista *Spin* de abril de 2003, o *The Velvet Underground and Nico* ficou em primeiro lugar.[3] E, ainda assim, nos Top 100 álbuns que as rádios de hits costumam realizar, o Velvet Underground ocupa uma péssima colocação ou sequer é citado. Essa ausência do grupo nas ondas do rádio é um reflexo do quase total descaso com que a banda foi tratada pelas rádios — e pela imprensa — durante quase toda sua existência.

---

[3] Klosterman, Chuck et al. "The Fifteen Most Influential Albuns of All Time (... not recorded by The Beatles, Elvis or Rolling Stones)". In: Spin: *The Ultimate List Issue*. Nova York: Simon & Schuster, abril de 2003.

É uma contradição tão flagrante que quase chega a ser um paradoxo: uma banda que deixou uma marca profunda no rock e nos músicos de rock, mas cuja música foi constantemente desprezada pelo grande mercado. A inércia da indústria é quase compreensível: lojas de discos, estações de rádio, a imprensa musical, promotores, o setor de marketing e o departamento financeiro das gravadoras eram responsáveis por controlar quase todas as redes de distribuição. Em outras palavras, essas pessoas não conseguiam lidar com essa música em 1967, o ano do "verão do amor". Somadas a isso tudo estavam a indiferença da crítica e a hostilidade do público, o que rendeu um desastre comercial para o iniciante Velvet. Escolha a frase clichê que preferir: nada dava certo para eles; eles não tinham sorte; não era para ser. Uma coisa é certa: poucas bandas — se é que alguma — deixaram um legado tão duradouro com uma ajuda tão inexpressiva da indústria. Timing errado, azar, egos monstruosos: mesmo diante de tais condições, a banda produziu um trabalho tão poderoso que, agindo através do tempo — por meio dos músicos que influenciaram —, transformou uma indústria musical que só começou a entender e a apreciar seu trabalho quando era tarde demais.

Detetives e guitarras

Lou Reed, cofundador do Velvet Underground, disse certa vez: "Se formos falar sobre os grandes, não há ninguém maior do que Raymond Chandler. Quer dizer, ler outra coisa depois de Raymond Chandler é como comer caviar e logo em seguida um prato muito inferior." Lou tinha um plano simples: pegar a sensibilidade de Raymond Chandler ou de Hubert Selby, ou de Delmore Schwartz ou de Poe, e transportá-la para o rock.

E quando ele formou o Velvet Underground, foi justamente isso o que fez. Seguindo a cartilha do cinema noir e das revistas de *pulp fiction*, Reed e companhia escancararam a cortina que separava a música pop do resto do mundo, mostrando que havia nela algo que ia além de canções melosas; neste processo, criaram uma nova música *verité* — um rock noir, se preferirem.

Como Raymond Chandler faleceu em 1959, nunca saberemos se o homem que Reed chamou de "o maior" teria aprovado o uso de sua sensibilidade no rock, e se a admiração do compositor seria recíproca. Ainda assim, suspeito fortemente de que Raymond e Lou teriam sido *muy simpáticos* um com o outro. Caso estivesse vivo, o autor de clássicos da *hard novel* policial — como *O sono eterno* e *Adeus, minha adorada* — poderia ter visto algo em Reed que lembrasse seu próprio personagem, o detetive arquetípico, como descrito em seu artigo "A simples arte de matar": "Um cavaleiro moderno (...) em busca de uma verdade escondida, (...) vagando pelas ruas vis, um homem que não é vil precisa seguir em frente, (...) ele precisa ser um homem completo, e ainda assim um homem comum e um homem incomum, (...) ele é um solitário." Esta última característica Cale atribuiu a Reed: "Ele tinha algo em sua persona que o fazia lutar sozinho, não como parte de um grupo."[4] As outras características do cavaleiro moderno de Chandler não eram traços tipicamente atribuídos a Reed, e a semelhança pode não ser tão óbvia considerando o Lou Reed que andava por aí, que comia, bebia e cagava como todo mundo, e que parece ter irritado a quase todos que se aproximaram dele. Ainda assim, isso é claramente reconhecível na voz dura, porém compassiva, curiosa e ao mesmo tempo instruída do Lou Reed compositor.

---

[4] Bockris, Victor. *Transformer: The Lou Reed Story*. Nova York: Simon & Schuster, 1994.

Enfrentando desafios similares, Reed e Chandler transformaram o material cru da vida marginal, o perverso, o brutal e o belo, em arte. Nenhum dos dois aceitava o *status quo* do mundo criativo. Em vez de se conformarem, ambos redefiniam o estilo de seu campo de atuação. Fizeram isso com um olhar de repórter para os detalhes e para as nuances, uma habilidade que Reed herdou de sua educação e que Chandler adquiriu por meio de seu trabalho. Através de Chandler, e dos exemplos de Selby e Schwartz, Reed adquiriu uma fascinação pelo poder das palavras e frases; estudou o uso econômico, e ainda assim ousado, da linguagem por estes autores, aplicando a mesma técnica — apreendida rapidamente — em suas letras. O resultado seriam canções tão visualmente evocativas — beirando o cinemático — quanto os livros escritos por Nelson Algren, Hubert Selby Jr. e Raymond Chandler.

Com tanto em comum, apesar das décadas que os separavam, e tendo em vista que ambos operavam em ambientes sociais imensamente diferentes, talvez não seja uma surpresa que Chandler pudesse projetar o futuro de seu admirador com uma acuidade amarga quando disse: "A crítica comum nunca reconhece um feito histórico quando ele acontece. Ela o explica depois de ele se tornar respeitável."[5] A recepção crítica — ou a falta dela — dirigida ao Velvet foi terrível. A magnífica interpretação que a banda deu às canções de Reed fez com que a missão de trazer a sensibilidade literária para o rock'n'roll fosse cumprida — do mesmo modo como Chandler conseguira elevar o nível da *pulp fiction* —, mas este feito passaria despercebido em sua época e apenas muitos anos

---

[5] Chandler, Raymond. *The Midnight Raymond Chandler*. Boston: Houghton Mifflin Co., 1971.

depois os críticos se lançariam sobre o disco para dissecá-lo e discuti-lo.

Refletindo sobre o revolucionário álbum que coproduziu em 1966, Norman Dolph encontrou uma analogia no mundo da arte: "Noventa por cento dos quadros que são vistos hoje como algo extraordinário foram encarados como 'ei, isso não é arte!' na época em que foram exibidos pela primeira vez (...) Bem, existiam pessoas que achavam que o Velvet Underground era um desperdício do óxido de ferro da fita de gravação."[6]

O legado do "disco da banana"

Enquanto escrevo este livro, por vezes posso ouvir a televisão no quarto ao lado. Um comercial de um espetáculo chamado *Walk on the Wild Side* chama minha atenção, e restam poucas dúvidas de que este título presume que o público reconheça a canção de Lou Reed, e não o romance de Nelson Algren. O fato de os reality shows terem se tornado tão populares ecoa o uso feito por Lou Reed de dados da vida cotidiana em seu trabalho.

A minúscula tatuagem que fiz em 1979 causou uma crise familiar, com direito a negras previsões sobre motoqueiros e condenados; já a arte recém-realizada na pele de minha sobrinha — que impressionaria quase toda a Yakuza e que faria um sorriso brotar nos lábios de um *headhunter* Maori — mal gerou um pio. A cultura norte-americana se move tão rapidamente que é mais um verbo do que um substantivo. Ela absorve tudo como um deserto em constante expansão: o que hoje é periférico

---

[6] Harvard, Joe. *The Norman Dolph Interview: On the Phone with JH*, July 3, 1998. Little Big Horn Publishing, p. 1.

pode perfeitamente se tornar, em pouco tempo, central. Hoje, os modos de vida considerados permissíveis para a arte são cada vez mais próximos dos que o Velvet Underground explorou em suas canções. Como Robert Palmer, da *Rolling Stone*, afirma sucintamente: "Atividades que pertenciam então a subculturas marginalizadas agora fazem parte das preocupações da cultura de massas."[7] Ao que devo acrescentar que os primeiros que chegaram lá precisaram aceitar um monte de merda. Entra o Velvet Underground.

Todos juntos fazendo um trabalho sombrio

Historiadores do rock geralmente reduzem o Velvet Underground a uma entidade cujo brilhantismo se deve à cooperação e à competição de um par de talentosos pioneiros: John Cale e Lou Reed. Enormes papéis foram desempenhados por estes dissidentes. Contudo é um erro reduzir o grupo ao aspecto Reed-Cale. Mais do que o classicismo *avant-garde* de Cale *versus* o lirismo literário e a paixão pelo rock'n'roll de Reed, mais do que a simples soma de cinco músicos tocando as revolucionárias canções escritas por Reed, o Velvet era uma *banda* em seu sentido mais verdadeiro. *The Velvet Underground and Nico* foi o produto de um equilíbrio crítico entre os diferentes, e por vezes conflitantes, indivíduos que o criaram.

Holmes Sterling Morrison, Maureen "Moe" Tucker, Lou Reed, John Cale e Christa Päffgen (mais conhecida como Nico), juntamente com os produtores Norman Dolph e Tom Wilson, e

---

[7] Ward, Ed; Stokes, Geoffrey; Tucker, Ken. *Rolling Stone History of Rock*. Nova York: Rolling Stone Press, 1986, pp. 321-22.

os engenheiros John Licata e Omi Haden — mais o elemento catalítico representado por Andy Warhol — criaram uma química que foi única e surpreendentemente efetiva. Outros grandes discos do Velvet foram lançados depois da substituição de alguns músicos na banda, mas nenhum deles oferece a mágica combinação encontrada neste que muitos consideram seu melhor trabalho. A química é, por natureza, volátil: adicione a porcentagem correta de oxigênio e hidrogênio e o resultado é água; mas mude o mínimo desta proporção e a mistura falha.

A visão de Lou Reed para a banda foi inquestionavelmente bem-sucedida, bem como o decidido equilíbrio de Nico entre o terreno e o etéreo, a necessidade de Sterling de tocar um rock rasgado, o objetivo de Moe de criar uma pulsação hipnótica indiscutível (dane-se o caos ao redor!) em que desejos se tornam manifestos, materializados em canções que sempre foram e sempre serão rock. Tudo isso enquanto as visionárias contribuições de John Cale tomam de assalto as fronteiras limitantes da instrumentação no rock, com arranjos de um paladar textual tão definitivo que, dali em diante, todos os mapas tiveram que ser jogados fora e as fronteiras redesenhadas. O Velvet jamais teria a chance de aperfeiçoar o conceito de seu primeiro álbum, uma vez que a partida de Nico e o rompimento com Warhol representavam a ausência de ingredientes cruciais para a fórmula. Contudo, a sonoridade que criaram em *The Velvet Underground and Nico* permanece. Às vezes limpa e tranquila, em algumas passagens sombria e triste; desistindo em certos momentos e então, subitamente, seguindo em frente borbulhando, fervendo, afluentes se misturando, fluindo sempre como água. Em cada uma das incríveis canções.

Mamãe Moe, papai Lou

Musicalmente os Velvets são os pais de todos nós — e por "nós" quero dizer qualquer um que tenha tocado em uma banda de rock desde mais ou menos 1977, ano em que o punk alcançou o topo da montanha e mudou a indústria musical para sempre. Os álbuns eram como tratados de alquimia que ostentavam fórmulas secretas, passadas de um músico para outro, até que surgiu o punk, completando o trabalho que o Velvet Underground iniciou. Muito antes de seu grupo Talking Heads carregar a tocha pós-punk nos anos 1980, Jerry Harrison havia sido membro do Modern Lovers. Ele recorda sua introdução aos "Mistérios do Underground": "Jonathan (Richman) realmente fez com que eu gostasse do Velvet Underground (...) e dos Stooges", relembra Jerry, "e com Jonathan, bem como com todas as novas bandas, muito do nosso foco residia em rejeitar coisas, dizendo: 'Isso é o que somos, e essas são as únicas influências que admitimos, todo o resto é lixo.' E uma enorme parcela do que Jonathan rejeitava era qualquer coisa com uma base de blues." Abrir mão do blues, Jerry acredita, fez do Modern Lovers um dos principais progenitores do punk...[8]

Harrison está certo; os Lovers estabeleceram a base para o punk, mas o fizeram se valendo de um projeto iniciado pelo Velvet Underground. E os Lovers não foram os únicos. A lista de artistas importantes que foram influenciados pelo Velvet de maneira fundamental se assemelha a uma lista dos principais individualistas, iconoclastas, agitadores e porta-estandartes da rebelião roqueira. Esta lista inclui, por admissão ou observação — além dos grupos já discutidos —, os seguintes nomes: Tom

---

[8] Baxter, John; Reder Alan, *Listen to This*. Nova York: Hyperion, 1999, p. 155.

Verlaine, Peter Ivers, R.E.M, The dBs, Alejandro Escovedo, The Pretenders, The Cars, The Jesus and Mary Chain, Pixies, Yo La Tengo, Galaxie 500, Sonic Youth, Pavement, Morphine, Luna e Strokes. E ainda: Roxy Music, U2, Mazzy Star, Joy Division/ New Order, e a lista segue adiante. Uma subcena alemã inteira, incluindo Neu, Can e Faust foi gerada. Some a isso a Revolução de Veludo,[9] na antiga Tchecoslováquia, onde, se diz, as letras do Velvet passavam de mão em mão no *underground*, e também todas as demais bandas influenciadas por ex-membros, particularmente por Lou Reed e John Cale. Essas são algumas das razões — além da música em si — pelas quais as pessoas ainda escrevem livros sobre o Velvet Underground.

Raízes: meu tortuoso caminho até o Velvet

Fazendo pesquisas para este livro, me surpreendi ao encontrar uma entrevista de 1989 em que descrevo para Bill Eichenberger, do *Columbus Dispatch*, o "som que quero — algo como os ônibus do Velvet Underground e de Merle Haggard colidindo e seus integrantes se misturando. Este é o som em minha cabeça!"[10] Digo surpreso pois, diferentemente de outros autores desta coleção, não escrevo sobre um álbum que mudou minha vida de ma-

---

[9] No dia 17 de novembro de 1989 iniciou-se um movimento revolucionário, liderado pelo dramaturgo Vaclav Havel, pelo fim do governo comunista. A transição de poder para uma república parlamentar foi pacífica, por isso o nome de "Revolução de Veludo", e a separação amigável do país, que depois se dividiria em República Tcheca e Eslováquia, aconteceu em 1993.

[10] Eichenberger, Bill. "The Songs the Thing". In: *Columbus Dispatch*. Columbus: Columbus Dispatch, novembro de 1989.

neira instantânea e fundamental, e sim sobre um álbum que me afetou de maneira tangencial, sincrônica e coincidente, em uma centena de direções diferentes antes que eu o ouvisse. Qual a razão de eu estar gastando preciosos centímetros de uma coluna, em 1989, elogiando um grupo que não fora, nem de longe, uma de minhas primeiras paixões musicais? Foi então que me lembrei: não foi muito antes daquela entrevista que comprei meu primeiro álbum do Velvet. Já tinha escutado, é claro, e até mesmo tinha tocado versões das músicas em outras bandas, por anos, mas foi apenas em 1986 — quando comprei a compilação *post mortem*, intitulada *VU* — que realmente me apaixonei pela banda, principalmente por causa da mistura crua, impensável, do Stax[11] com a surf music chamada "I Can't Stand It".

Eu não cresci sendo um fã do Velvet Underground. Pertenci a uma geração que se formou no colégio na época do Bicentenário dos Estados Unidos (minha mãe pintou a casa inteira de vermelho, branco e azul; enquanto pintava bolas de bocha no quintal, ela descobriu que eu, acidentalmente, decapitara a santa que tínhamos em casa quando a corrente de meu nunchaku arrebentou). Em East Boston tudo o que conhecíamos de Lou Reed eram seus dois hits: "Sweet Jane" e "Walk on the Wild Side". O último se encontrava no jukebox do Jean's Coffe Shoppe, nossa espelunca local. Ali, uma após a outra, minhas moedas pairavam na caçapa da velha Seeburg por um momento antes de desaparecerem em sua orla, vítimas sacrificiais em nome do ardente prazer de ouvir aquela introdução com

---

[11] A Stax Records foi uma gravadora de Memphis, Tennessee, lançada em 1957. Durante os anos 1960 e 1970, a gravadora de soul lançou uma série de álbuns icônicos principalmente de artistas negros — Otis Redding, Sam e Dave, Carla Thomas e Hayes entre eles —, numa época em que a luta pelos direitos civis estava em seu auge.

seus incríveis slides de baixo (era Herbie Flowers, tocando duas partes no baixo, uma acústica e outra elétrica com um Fender, harmonizando uma décima acima). Comendo hambúrgueres em East Boston, observando policiais descaradamente desonestos esvaziando sacolas de contrabando que seriam armazenadas na cozinha do Jean, esperando que as garotas negras cantassem "doo, doo-doo, doo-doo" novamente, Lou emergiu pela primeira vez em meu mundo no jukebox do Jean. (Um pequeno parêntese: a outra canção que eu colocava para tocar sempre lá no Jean era "Lola", que, percebo agora, elevava para dois o número de músicas sobre travestis na mesma jukebox; o que faz com que o lugar mereça o título de Epicentro da Cultura Travesti em East Boston... enfim, divaguei.)

No ensino médio eu já tinha descoberto a guitarra, e o que me sobrava de dinheiro era mais utilizado em passagens de metrô que me levavam e traziam dos ensaios do que como combustível dos jukeboxes. Eno e Iggy Pop surgiram no meu radar e na minha vitrola. Os grupos de garagem dos quais eu participava faziam covers de "Queen Bitch" e da versão de Bowie para "I'm Waiting for the Man", mas não sabíamos que a primeira era dedicada ao Velvet Underground, e que era Lou Reed — e não Bowie — quem assinava a composição da última.

Transformer era um álbum que tocávamos muito. Por "nós" leia-se: meu melhor amigo/primeiro baterista Anthony Rauseo, minha namorada Kathy — perigosamente avançada no quesito sexo — e um grande número de adolescentes gays e loucos que constituíam um universo alternativo ao que eu estava acostumado em Boston. *Transformer* era o disco que tocava quando a festa à fantasia de 16 anos de Mick Abbott se transformou numa orgia pansexual, interrompida por uma visita surpresa de seu pai, trazendo pizza até a garagem (surPRESA!). A versão que se conta é a de que Bowie estava generosamente ajudando seu amigo menos bem-sucedido quando produziu *Transformer*. Quem poderia saber que Bowie estava simplesmente retribuindo a enorme dívida que tinha com Reed, tendo construído o personagem extravagantemente bissexual Ziggy quase inteiramente com os tecidos descolados e decadentes que pegou emprestado do Velvet Underground? Bowie louvava o Velvet para quem quisesse ouvir (nós não ouvíamos), admitindo livremente sua dívida com a banda e ressuscitando a carreira enfraquecida de Reed, quando já era tarde demais para o Velvet.

Não demorou muito para que eu caísse sob o feitiço da cena musical underground de Boston, descobrindo bandas incríveis como Reddy Teddy e The Real Kids, e discos como *Live at the Rat* e *Live at CBGB's*. Existiam fortes vínculos entre a cena de Boston e a de Nova York (Alpo do Real Kids pegou chato depois de roubar um par de calças do baterista do Dolls, Arthur "Killer" Kane... por isso, digo vínculos fortes *mesmo*). As bandas de Nova York influenciadas pelo Velvet, como Television, Blondie, Patti Smith e Ramones, se juntaram aos meus favoritos locais; e, por volta do final de 1977, eu estava com um pé na cena underground/punk e outro ainda enraizado no circuito *quase-metal* de bandas covers, tocando "Sweet Jane", do *Rock and Roll Animal*, enquanto o companheiro de East Boston, Amadeo "Ricky" Risti, heroicamente reproduzia *ambos* os fraseados de Hunter-Wagner. Mas a minha esquizofrenia estilística não poderia prosseguir para sempre. As versões de The Who e dos Stones que tocávamos se contorciam, desconfortavelmente, ao lado de "Search and Destroy" dos Stooges, "Pumpin' (My Heart)" de Patti Smith e "Personality Crisis" do New York Dolls.

Existem alguns discos que mudaram meu modo de encarar a música para sempre: os singles "Hi Her Wid De Axe" e "Mass

Ave" de Willie "Loco", *The Modern Lovers*, *The Real Kids* e *Horses* de Patti Smith. Essas gravações foram como sinais de neon na estrada para mim, indicando o caminho do êxtase do rock'n'roll por meio de uma vereda desconhecida. Todas elas compartilhavam um elemento importante e unificador que, então, era desconhecido para mim (caso você não estivesse prestando atenção): o Velvet Underground. Eu não tinha ideia de que Willie "Loco" estivera em turnê como membro do último suspiro, a formação do Velvet liderada por Doug Yule, mas a vertiginosa estrada composta por quatro acordes, chamada de "Mass Ave", me inteirou do fato. Naquele tempo, antes de eu entender o papel de um produtor, não percebia que o mesmo nome aparecia nos créditos de produção em *Horses* e *The Modern Lovers*, isso sem falar no primeiro álbum dos Stooges, de onde roubamos algumas canções. Esse nome era John Cale. Não tinha ideia de que John Felice, do Real Kids, estivera originalmente no Modern Lovers, nem de onde havia surgido a influência essencial para esse som inspirador. Em uma entrevista com Richman, em 1998, ele foi bem claro.

JOE HARVARD: Escutei o Modern Lovers muito antes de escutar o Velvet... Ele o influenciou muito no que diz respeito ao som que você fazia enquanto gravava seu álbum de estreia? Ou você já soava assim antes?

JONATHAN RICHMAN: Se não existisse o Velvet Underground não existiria este disco. *Isso* explica o que você precisa saber?[12]

Minha vida musical, de fato, foi completamente inspirada, circundada e enriquecida pelo Velvet Underground. E eu

---

[12] Harvard, Joe. *The Jonathan Richman Interview: On the Phone with JH*: Little Big Horn Publishing, 3 de julho de 1998.

simplesmente não sabia disso. Bowie, Iggy, o New York Dolls, as principais bandas da cena *underground* de Boston e Nova York, haviam sido todas tão profundamente influenciadas por eles, que descobrir os discos do Velvet era como conhecer os pais de alguém. De repente, um monte de coisas começou a fazer sentido. Pequenas idiossincrasias, maneirismos únicos que achamos atrativos no pequeno filhote tinham sua fonte revelada depois de alguns minutos ao lado do pai e da mãe. Ouvindo o Velvet Underground eu podia perceber trechos de paisagens sonoras de meus discos favoritos, elementos das amadas bandas que habitavam meu mundo. O zumbido incansável do piano elétrico de Willie Alexander, o encontro equilibrado de "vocal com distorção sobre batida" de "Pablo Picasso", o inflexível e impiedoso piano metálico de "I Wanna Be Your Dog", os gritos agudos das gaivotas de "Birdland", de Patti Smith, e a viagem ao redor do globo em dois acordes em "Road Runner", de Jonathan Richman. Estava tudo lá, e mais um monte de coisas jamais ouvidas, tudo ali, no *The Velvet Underground and Nico*.

Liberte sua mente e seus ouvidos a seguirão

Em uma conversa recente que tive com Jonathan Richman, ele comentou que, enquanto "as pessoas gostam de criar uma aura de falsa escuridão e decadência, alguém como John Cale pode oferecer algo *de verdade* usando apenas acordes, tons e texturas". É nisso que reside a verdadeira força da grande música. Ainda assim, Cale, apesar de sua educação clássica, rejeitou o uso classicista da música que serve para criar atmosfera e narrativa e, em vez disso, trabalhou com um letrista cujas palavras acrescentavam e expandiam os temas musicais.

O sucesso da abordagem "o meio é a mensagem" do Velvet é tão completo que, na realidade, corre-se o risco de que suas músicas sejam consideradas sinônimos de seus objetos de exploração. Logo, aqueles que não aprovam as drogas ou a homossexualidade concluem que o material da banda se tratava apenas de lixo sensacionalista. Apesar de geralmente considerar que a música pop ou o rock se aproximam mais de um ofício do que de uma arte — e que mesmo aquilo que se destaca não deixa de ser uma espécie de ofício artístico —, existe uma pequena parte que transcende o ofício e se torna mais do que algo artístico, se torna a arte em si. É neste lugar que a música do Velvet deve ser colocada e (por mais que eu odeie me referir desta maneira a qualquer tipo de rock) qualquer discussão sobre seu material deve ser tratada de acordo: como uma exploração da arte. Pessoas muito mais eloquentes do que eu já produziram argumentos amplos e atrativos contra a ideia de que explorar temas impopulares ou imorais diminui o valor do trabalho de talentosos escritores e artistas. E o que se aplica às máximas realizações da alta cultura também deve ser aplicado às congestionadas vias das formas mais populares e "menores" da arte, como o rock.

Sim, o Velvet Underground escreveu canções sobre heroína, orgias, metanfetamina, servidão e punição, submissão física e emocional, violência, transgêneros, travestis, transexuais e marginais com vivência nas ruas, envolvidos com um ou todos os ingredientes acima. Por quê? Porque ninguém havia feito isso antes, e porque essas coisas são interessantes. Se não fossem, grande parte dos cineastas não seria famosa, autores de livros sobre crime não venderiam milhões de exemplares e programas de televisão como *Law and Order* não seriam tão populares. Mas isso acontece hoje em dia. Em 1966, quando ninguém falava — e muito menos cantava — sobre tais assuntos proibidos, eles eram ainda mais interessantes, e incluí-los nas letras das músicas com o objetivo de serem consumidos não era mais um truque barato: era uma atitude corajosa e arriscada. É fácil escalar uma montanha depois que os verdadeiros pioneiros passaram 35 anos abrindo uma trilha até seu cume. Em 1966, era preciso ter colhões.

Do mesmo modo, os músicos que criaram essas canções, bem como as pessoas que compunham a panelinha que circundava a banda e/ou orbitavam como satélites a toda velocidade em torno da Factory de Warhol, formavam um bando bastante interessante. Suas personas e personalidades se equiparavam àquelas dos cidadãos presentes nas canções do Velvet. Como poderia ser de outro modo, quando muitas dessas canções eram exercícios de observação realizados por Lou Reed? Personagens como as "Superstars" de Warhol, Candy Darling e Holly Woodlawn, e os frequentadores do Max Kansas City — e até mesmo os próprios membros da banda — formavam figuras ficcionais ideais para observação, mesmo sendo reais. Ambição, vício, inveja, paixão, traição, fama, sexo de todos os sabores: ainda que estes ingredientes não propiciem um ambiente social estável, eles fornecem grandes histórias. Contudo, é importante reconhecer que o controverso material encontrado nas letras de Reed era apenas um componente em um todo complexo e meticulosamente desenvolvido. A música do Velvet Underground não se propunha somente a chocar ouvintes acomodados (apesar de o grupo, abertamente, se deleitar com isso), ela tratava da expansão do tema lírico e da permissividade da voz entre os escritores do rock, para além dos limites dos temas "confortáveis".

Discutindo suas percepções sobre o disco, 35 anos após ter ajudado a criá-lo, o produtor Norman Dolph lembrou-se de uma citação: "Toda grande arte parece ter sido realizada esta manhã." E acrescentou: "O que quer que seja muito bom e que tenha sobrevivido já era moderno quando foi realizado, e esta modernidade ainda permanecerá ali, na parede do museu, cem ou duzentos anos depois. Quando você escuta o disco hoje em dia, ele ainda soa moderno nesse sentido." Tente, enquanto escuta este disco, ignorar a infame reputação do grupo, deixar os preconceitos para trás e permitir que a música fale por si mesma. Sente-se em um local iluminado por velas, desligue o telefone e escute o álbum inteiro sem nenhuma interrupção. Uma hora não é muito tempo para gastar com um disco, considerando-se o que ele oferecerá em troca.

[NOTA: se você tiver acesso ao álbum em vinil, escute o LP, ele sempre soará melhor, e dê uma olhada no artigo "Peel Slowly and See" de Sal Mercuri, do fanzine Velvet Underground, localizado na invencível página do grupo na internet (http://olivier.landemaine.free.fr/vu/). Recomendo com veemência o kit definitivo para os iniciantes no Velvet Underground, as 75 canções distribuídas em cinco CDs, *Peel Slowly and See*, uma caixa que inclui todos os álbuns do Velvet (além das Ludlow Demos, que serão discutidas mais adiante).]

Para aqueles que desejam tocar essas canções, Shiroh Kouchi oferece transcrições, incluindo afinações, acordes e tablaturas de violão, para essas e para a maior parte das demais composições de Lou Reed, no incrível *Lou Reed Guitar Archive*: http://www.loureed.it/LR_tab/song.html

1. Composição

Nossos heróis se encontram...

MOE TUCKER: Não gosto desse papo de paz e amor.[13]

JOHN CALE: Em 1965, Lou Reed já tinha escrito "Heroin" e "Waiting for the Man". Na época, eu tocava com LaMonte Young, no Dream Syndicate, e o conceito do grupo era ficar sustentando cada nota durante duas horas.[14]

STERLING MORRISON: Eu era um jovem muito insensível e tocava uma música também bastante insensível e indelicada. Era "Wham, Bam, Pow! Vamos tocar rock!" O que eu esperava que a audiência fizesse era derrubar o lugar, me espancar, qualquer coisa assim. Lou e eu viemos do mesmo ambiente, dos bares rock'n'roll de Long Island, onde você pode beber qualquer coisa com 18 anos e todos têm identidade falsa aos 16; eu era uma criatura da noite no ensino médio, e tocava nos bares mais sujos.[15]

David Fricke, autor do excelente livrinho que serve de nota introdutória para *Peel Slowly and See*, escreve: "Em 1965 o rock

---

[13] McNeil, p. 17.
[14] McNeil, p. 4.
[15] Modern, p. 3.

era uma música jovem e despretensiosa, voltada para adolescentes, tudo o que Reed, Cale, Morrison e Tucker tinham superado na época em que se tornaram o Velvet Underground."[16] Um ano após os Beatles lançarem *A Hard Day's Night*, e no ano em que gravaram *Rubber Soul*, Lou Reed, ex-paciente de eletrochoque, traficante de drogas e estudante de inglês pela Universidade de Syracuse, formou-se sob a orientação do poeta Delmore Schwartz (em nome de suas habilidades literárias) e sob a influência de toda droga concebível (em nome de suas letras). Reed conseguiu um bico como compositor na Pickwick Records. Espécie de versão pobre do trabalho no Brill Building — sede de muitas gravadoras —, os empregados da Pickwick escreviam canções para bandas não existentes, para ganhar dinheiro com modas passageiras. Uma noite Reed estava chapado e escreveu uma canção chamada "The Ostrich", creditada a uma banda fictícia chamada Primitives. Quando as vendas do disco começaram a decolar, o selo apressou-se em formar uma banda que pudesse tocar a canção ao vivo. Por parecer um músico de rock, John Cale foi abordado em uma festa e chamado para uma "audição". Pelas possíveis risadas — e porque alguém mencionou um salário —, John compareceu.

Cale era um compositor clássico, um prodígio do País de Gales, cuja primeira composição, diz-se, foi escrita em um pedaço de compensado de madeira. Graduado na prestigiada Goldsmith College, em Londres, um acadêmico da Leonard Bernstein o trouxe para os Estados Unidos. Falando francamente: ele era um fodão da música clássica. Estudou no Tanglewood Music Center nos tempos de Iannis Xenakis, um antigo membro

---

[16] Fricke, David. "Liner Notes to Peel Slowly and See." Nova York: *Polydor Records #3*, 1995.

do grupo de arquitetos de Le Corbusier cujo *Metastasis* — de 1954, um trabalho baseado em design arquitetônico — foi de grande influência. Cale, apesar de tudo, desgostava da enfadonha atmosfera de Tanglewood e logo se mudou para Manhattan, para explorar a *avant-garde*. Lá tocou com LaMonte Young, mestre das notas sustentadas e repetidas — chamadas *drones* —, oriundas da música hindu e árabe.

No teste realizado na Pickwick, Cale ficou pasmo ao descobrir que "The Ostrich" era baseada em um violão com afinação aberta, tocado por Lou Reed com todas as cordas afinadas na mesma nota (no caso Lá sustenido). O efeito produzido era o mesmo do bordão em que os parceiros de Cale estavam trabalhando! Tendo formado, instantaneamente, uma péssima opinião sobre a operação Pickwick, e esperando tal técnica somente em seu seleto círculo *avant-garde*, o choque sofrido por Cale era semelhante ao de ter um macaco afinando sua viola. Tendo sua atenção capturada, Cale se juntou aos Primitives. Eles tocaram juntos em apenas alguns shows, mas a experiência de estar em um palco com um banda diante de um grupo de meninas adolescentes gritando por ele teve seu efeito no jovem galês: ele foi fisgado. Infectado pelo vírus do rock, aproximando-se de Lou Reed, Cale finalmente escutou algumas das "verdadeiras" canções das quais Reed havia falado. Uma vez mais ele ficou prazerosamente surpreso. Apesar do fim do Primitives, os dois músicos ficaram amigos.

Quando o companheiro ex-Primitive Tony Conrad se mudou do apartamento de Cale no Lower East Side, Reed mudou-se para lá e ocupou seu lugar. Típicos companheiros intrépidos, ambos compartilhavam do mesmo amor pela música e pela recreação quimicamente assistida... principalmente pelos opiáceos. Sentindo a necessidade de ter uma banda e a oportunidade de fazer algo realmente diferente e importante, eles recrutaram Angus MacLise, um vizinho que se encarregou da percussão, bem como da eletricidade para os amplificadores de ambos. Um verdadeiro boêmio, morreu de subnutrição em Katmandu, em 1979.

Logo Reed foi procurar um antigo conhecido de Syracuse, Sterling Morrison. Sterling tocava trompete, foi um brilhante guitarrista e compartilhava dos gostos de Lou no rock. Ele acreditava que o rock deveria fazer as pessoas quererem arrancar pedaços de si mesmas — Deus o abençoe —, e Reed imediatamente o convocou. Juntos, os quatro trabalharam em canções durante o verão de 1965, se autointitulando The Warlocks, e, logo em seguida, The Falling Spikes. Quando MacLise deixou o grupo, Morrison entrou em contato com a irmã de um velho amigo, Jim Tucker, e Maureen "Moe" Tucker entrou em cena. Uma operária que, depois de bater o cartão, tocava ao som dos discos de Bo Diddley e dos Rolling Stones, Moe desenvolveu um estilo único, tocando o bumbo deitado de lado com macetas e um tom-tom, dispensando os pratos e floreios em nome de uma batida simples e incansável. Tucker estava na estrada para se tornar uma das poucas bateristas completamente originais no rock. Ao longo dos anos ela tocou um pandeiro (e nada mais), depois um conjunto de latas de lixo viradas para baixo, antes de voltar para seu próprio e surrado conjunto de bateria. Assim, nascia o Velvet Underground.

O grupo topou assinar um contrato de agenciamento com o pioneiro do jornalismo do rock Al Aronowitz, cujo nome do meio era "o homem que apresentou os Beatles a Dylan". Aronowitz conseguiu que eles tocassem como "a banda da casa" em um local que ganhava dinheiro em cima dos turistas, o Café Bizarre, onde apresentariam seis pequenos shows por noite a cinco dólares cada. Sucesso! As pessoas os odiavam.

Durante mais um dos malsucedidos shows — na noite de Ano-Novo — entram pela porta Gerard Malanga, futuro "whip dancer", e Paul Morrissey, uma espécie de gerente de negócios da Factory de Andy Warhol.

Estourando, explodindo etc.

Nos anos 1960, uma intrigante crítica e *groupie* de arte, Barbara Rubin, começou a apresentar pessoas talentosas a outras pessoas talentosas com um zelo missionário. Foi graças a seu conselho que Paul Morrissey assistiu ao Velvet. Morrissey tinha acabado de conseguir uma pauta numa discoteca — sob a égide do nome de Warhol — e procurava uma banda para o empreendimento. Depois de ver o Velvet, finalmente acreditou que havia encontrado a banda. A sorte estava lançada e, na noite seguinte, o próprio Warhol compareceu para assistir à apresentação do grupo. Depois de uma dinâmica um pouco "gato e rato" entre Reed e Morrisey (afinal o Velvet já havia aceitado Aronowitz como seu agente), um acordo foi firmado e Warhol e Morrissey tornaram-se agentes do Velvet Underground, posteriormente formando uma empresa chamada "Warvel" sob a qual operavam.

A banda logo se tornou parte dos happenings multimídia que Warhol idealizava, mas que ainda não havia materializado. O conceito de exibir filmes com música ao vivo e envolvendo tudo isso numa iluminação psicodélica não se originou com Andy. Jonas Mekas já havia exibido a banda atrás de uma tela de cinema durante os shows na Cinemateque, mas coube a Warhol o pleno desenvolvimento da ideia, bem como a incorporação de técnicas teatrais. Seu conceito evoluiu da aparição de um "filme-com-banda" em uma convenção psiquiátrica para o espetáculo bem-sucedido *Andy Warhol, Uptight* na Cinemateque (que incluía uma retrospectiva de filmes de Edie Sedgwick). Eis que o evento foi novamente redefinido, tornando-se o *Exploding Plastic Inevitable* (*EPI*), um formato sem precedentes, que, por fim, trouxe a participação de mais uma dúzia de membros. Norman Dolph relembra:

> "A decisão final sobre o nome do espetáculo veio durante uma reunião na sala da minha casa. Acredito que foi Paul [Morrissey] que finalmente escolheu "Exploding" como algo que se encaixava mais do que um outro nome que quase saiu vitorioso: Erupting Plastic Inevitable."[17]

O *Exploding Plastic Inevitable* deve sua existência ao interesse das pessoas em Warhol. Estava previsto que Andy apareceria nos shows, e com o interesse no artista pop em seu ápice, ingressos poderiam ser vendidos a preços caríssimos. Contudo, com projetos de arte e filmes tomando constantemente o seu tempo, Andy eventualmente (e inevitavelmente) começou a perder o interesse nessas extravagâncias. As luzes estroboscópicas do *EPI* diminuíram, e os primeiros atritos surgiram na relação do Velvet com a equipe Warhol/Morrissey, conduzindo-os ao rompimento no ano seguinte.

O agenciamento e o álbum

Muito pode ser dito sobre o desempenho de Warhol e de Paul Morrissey como agentes, mas vamos nos concentrar nos as-

---

[17] Harvard, *Dolph*, p. 1.

pectos que afetaram este álbum em particular. O capital mais significativo investido na banda — leia-se como conjunto musical, e não como parte do *EPI* — ocorreu durante as gravações. O valor provavelmente girou em torno de 3 mil dólares, ainda que John Cale tenha citado a quantia de mil e quinhentos dólares mais de uma vez.[18]

A habilidade da Warvel de colocar a banda em estúdio logo no início de carreira, capturando intacto seu som inicial, foi sem dúvida sua maior contribuição. Ironicamente, eles pagaram sua parte das despesas de estúdio com o dinheiro vindo de um triunfo que acabaria sendo o fracasso de seu agenciamento: a Dom. Os shows do *EPI* na Dom, uma antiga discoteca polonesa na St. Mark's Place, tinham os preços mais caros de Nova York na primavera de 1966. Em apenas um mês, o *EPI* arrecadou 18 mil dólares, e uma apresentação regular estava sendo planejada. Contudo, antes de fechar contrato com a Dom, o time decidiu aceitar uma turnê de um mês de apresentações em Los Angeles.

A turnê na Costa Oeste foi um fracasso. A logística da viagem com uma trupe de mais de uma dúzia de pessoas foi bastante boa. Porém, as expectativas logo evaporaram quando o clube em que estavam tocando fechou após três dias. A viagem apenas potencializou o já enorme desprezo do Velvet pela Costa Oeste. O único ponto alto foi o fato de a banda conseguir gravar durante dois dias com Tom Wilson. Depois de um mês desmoralizante, o grupo retornou a Nova York, ansioso para recuperar o bom momento dos shows na Dom. Em sua chegada descobriram que o local havia sido alugado em nome do agente de Bob

---

[18] Flanagan, Bill. "White Light White Heat: Lou Reed and John Cale remember Andy Warhol". In: *Musician Magazine*, edição 126, abril de 1989, p. 3.

Dylan, sócio da mesma pessoa que havia organizado a viagem do grupo para Los Angeles. A decisão de rumar para o Oeste, que Warhol acreditava ser o local perfeito para o Velvet, havia sido um total desastre. O clube "deles" foi rebatizado de Balloon Farm (e depois se tornou o Electric Circus), e logo proporcionou a Bob Dylan e seu agente a influência na indústria que o Velvet nunca possuiria. Também trouxe um monte de grana para os novos proprietários, e depois foi vendido por uma pequena fortuna.

O fracasso em agendar uma turnê europeia ou fechar contrato com Brian Epstein foi, sem dúvida, a perda de uma grande oportunidade, mas o grande golpe para o primeiro álbum ocorreu com a perda da Dom. O lucro não realizado poderia ter financiado ações promocionais e de marketing independentes dos parcos esforços da MGM/Verve: esforços tão indiferentes que garantiram o fracasso comercial do álbum. Sem um orçamento razoável, era impossível que o grupo distribuísse e divulgasse o disco.

Apesar do decepcionante desfecho da aventura na Dom, aconteceram duas consequências significativas do envolvimento da banda com o local. A primeira delas é que a banda cresceu e deixou de ser apenas um elemento entre tantos outros dentro do caótico quadro do *EPI* para se tornar uma parte central e ser reconhecida como uma entidade viável por si mesma. A segunda é que, por meio da Dom, o futuro produtor Norman Dolph foi lançado na órbita da banda... e junto com ele veio a conexão com o estúdio onde o disco seria gravado.

Como foi o desempenho de Warhol e Morrissey, enquanto agentes, principalmente no que diz respeito ao *The Velvet Underground and Nico*? David Fricke avalia o envolvimento dos dois da seguinte maneira:

Durante os primeiros anos a banda teve o perfeito agente e fã na figura de Andy Warhol, alguém que mantinha à distância os lobos do entretenimento através da força de sua própria fama, e alguém que encorajou vigorosamente o elevado purismo da banda por meio de seu próprio investimento.[19]

A seu favor pode ser dito que Warhol criou uma bolha onde a banda pôde se desenvolver, e que ele nunca viu um centavo das vendas de *The Velvet Underground and Nico*. Contudo, sendo incrivelmente inexperiente sobre os meandros e as práticas das gravadoras, a Warvel cometeu erros básicos e se provou incapaz de resolver problemas que produziram resultados desastrosos. Muitos dos impedimentos ocorridos durante o lançamento do álbum foram causados por questões extremamente simples, que poderiam ter sido resolvidas rapidamente caso a mão que assinava os cheques tivesse se movido rápido o suficiente. Mas Warhol e Morrisey eram ambos muito inexperientes para perceberem isso, ou simplesmente estavam relutantes demais em fazê-lo.

Warhol reconheceu que poderia fornecer somente um apoio limitado no mundo fechado em que viviam gravadoras, advogados e editores. Ele perguntou a Reed se a banda estava realmente satisfeita em tocar somente nos museus e auditórios que a Warvel poderia oferecer. Tendo sentido há muito tempo o crescente desinteresse de Warhol — e dolorosamente ciente do tratamento seco da MGM/Verve —, Reed não via futuro na Warvel e reagiu a isso demitindo Warhol. Reed contratou então um genuíno agente do rock chamado Steve Sesnick, que

---

[19] Fricke, *Peel*, p.7.

estava cortejando o grupo — com a aprovação de Reed — há algum tempo.

No fim das contas, qualquer avaliação do mandato de Warhol como agente deve contemplar o duplo papel desempenhado por ele. Suas fraquezas administrativas certamente foram contrabalanceadas pelos estímulos criativos que ele propiciava à banda. É neste papel que residia seu inestimável valor para eles, e para o primeiro álbum do grupo.

À mesa: andy, norman, john e tom

Em "Andy Warhol", David Bowie cantou "Andy Warhol, Silver Screen, can't tell them apart at all". Bowie, um dedicado fã do Velvet e de Warhol, descreve um homem cujo desejo era se cercar com o interessante, o vibrante e o talentoso, projetando-os no mundo através de sua arte e de seus filmes:

> Like to take a cement fix
> Be a standing cinema
> Dress my friends up just for show
> See them as they really are…
> Put a peephole in my brain
> Two New Pence to have a go
> I'd like to be a gallery
> Put you all inside my show

Warhol estava imerso em suas filmagens *underground* — e se tornando famoso por isso — quando conheceu os Velvets, e a atração pessoal e profissional que sentia pelos personagens de seus filmes (quase sempre frequentadores da Factory) era óbvia em seu trabalho. Ele de fato "os via como realmente eram", e era capaz de destilar no filme a essência da Superstar, revelando a face que mais gostariam de mostrar ao público. Ele ajudava os Velvets a fazer o mesmo com a música. Após o primeiro encontro com Warhol, o próprio Reed se tornou frequentador do "teatro psicológico" da Factory, como parte da cena, ainda que destacado do grupo. Como o jornalista que ele havia estudado para ser, sempre foi capaz de dar um passo atrás para olhar a seu redor, tornando-se mais um observador do que um participante. E, em volta de Andy, sempre havia muito a se ver, e muito com o que se surpreender. A admiração de Reed por Warhol duraria a vida inteira, e não era para menos. Warhol tinha grande influência na música dos Velvets, mas certamente não era nenhum manipulador.

Num dia quente de junho, enquanto varríamos o meu quintal, perguntei a Jonathan Richman sobre Andy Warhol. Ele respondeu: "Sabe o filme do The Doors, aquele do Oliver Stone? Então, Andy não era nada daquilo." Seu tom indica claramente o quanto havia achado ofensiva a caricatura de Warhol como um almofadinha afeminado. "Antes de tudo, ele era... Se tem uma palavra que eu usaria para descrevê-lo é 'digno'. Ele não falava muito, usava muito poucas palavras... era muito zen." Jonathan descreveu um homem generoso com seu tempo e suas ideias. Quando o conheceu numa casa de shows de Boston, a Tea Party, Richman — na época ainda aspirante a artista — confessou que não entendia muito o trabalho de Andy. Warhol respondeu: "É claro que você entende." O artista mundialmente famoso começou então uma conversa demorada com aquele menino do subúrbio de dezesseis anos, discutindo sua obra e a arte em geral. "Era a pessoa perfeita para falar com um menino de dezesseis anos", Jonathan me contou.

Warhol realmente ouvia até mesmo um menino desconhecido. Anos depois, Jonathan visitou a Factory, subindo até o loft pela escada em vez de tomar o elevador. Ao lembrar-se do garoto daquele encontro em Boston, Warhol perguntou: "Por que você subiu de escada?" Richman respondeu: "Gosto de me exercitar." Em cada encontro subsequente — em três meses, depois três anos mais tarde — Andy voltaria a perguntar para ele: "Então, você tomou as escadas?" A imagem que resta não é a de uma aberração, cínica e traiçoeira, e sim a de um indivíduo incompreendido, atencioso e cheio de compaixão, que gostava das pessoas de verdade, e tinha um saudável senso de humor: uma espécie de Bodhidharma, sempre com um brilho nos olhos.

Norman Dolph também descreve Warhol de forma parecida. "Ele não era o que eu chamaria de um agitador, ele nunca era escandaloso nem invasivo. Ficava sentado, em silêncio, num canto da sala, observando, fazendo algum comentário irônico… Ele era mais uma presença, na verdade."

Quanto à reputação de manipulador atribuída a Warhol (pela qual antigos rivais, descontentes superstars da Factory com auras manchadas e a mídia são os principais responsáveis) é preciso dizer que é quase certo que ele perdeu boa parte — se não todo — o dinheiro investido no seu trabalho cinematográfico com as superstars, tendo ainda maior prejuízo com o Velvet. Quando a banda estava prestes a assinar com a MGM/Verve, Lou Reed subitamente anunciou que não assinaria o contrato a menos que todo o dinheiro fosse diretamente encaminhado à banda, que então distribuiria a cota de 25% a ser dividida entre Warhol e Morrissey. Talvez preocupado demais com este *coup d'état*, Reed esqueceu que deveria ter estipulado no novo contrato a quantia de royalties que a banda receberia e, consequentemente, levou alguns anos até que qualquer um recebesse algo sobre as vendas do primeiro álbum. O próprio Andy nunca viu um centavo das vendas do disco, e o grau de boa vontade dispensada pelo artista pode ser medido pelo fato de que — apesar das maquinações de Reed — imediatamente rescindiu o contrato quando a banda pediu.

Os meios de produção

O que um produtor faz em um disco? Um produtor pode ser qualquer coisa, desde alguém que toma conta da banda no estúdio, como uma babá, até um supervisor que gerencia nos mínimos detalhes todos os aspectos de um álbum, incluindo a escolha das canções, os arranjos finais, o estúdio que será usado e, até mesmo, quem tocará o quê (se é que tocará) no projeto. Essa ampla descrição abrange ainda aqueles que realizam a mixagem dos discos e também aqueles que fazem os drinques. Existem alguns tipos gerais. Meu favorito é a variedade transparente: o produtor que adiciona pouco de sua coloração pessoal, deixando que o som da banda predomine. Alguns produtores são transformadores, desmembrando cada canção, compasso por compasso; e finalmente existem os modernos produtores-estrelas, os Phil Spectors e os Trevor Horns, que imprimem no trabalho sua reconhecida marca registrada. Os que menos admiro pertencem à variedade que chamo de "lambedores de bola": produtores que não resistem a sarrafar uma canção simplesmente porque possuem a autorização da gravadora para fazê-lo. (O nome vem de uma antiga piada: "Por que os cachorros lambem as próprias bolas? Porque eles conseguem!") Os melhores produtores selecionam a abordagem que mais se encaixa na ênfase das qualidades únicas de uma banda, cumprindo a primeira premissa de sua profissão: fazer o melhor disco possível. Nesta área, Andy Warhol — sem qualquer experiência em engenharia ou produção, mas cercado por uma sólida e experiente equipe — se provaria um grande produtor.

No que se refere ao tradicional papel de um produtor (leia-se: sentar na mesa de mixagem, conseguir um ótimo som e escolher os melhores desempenhos), para o *The Velvet Underground and Nico*, o Velvet contou com um novato chamado Norman Dolph e com um profissional experiente e honesto, Tom Wilson. Consta nos créditos originais do disco "editado e remixado, sob a supervisão de Tom Wilson, por Gene Radice e David Greene. Engenheiros de gravação: Omi Haden — T.T.G. Hollywood". Nem Dolph nem John Licata, o engenheiro que trabalhou com ele, são mencionados: um absurdo, tendo em vista que eles gravaram a maior parte do disco.

Em 1966, Norman Dolph tinha 27 anos e havia se formado em engenharia elétrica quatro anos antes, em Yale. Apesar de já se encontrar em aviso prévio, ele ainda era um executivo de vendas da Columbia Records (o emprego durou seis anos) na época das gravações. Dolph trabalhou na Customs Labels Division, que lidava com o vinil a ser moldado para gravações de selos menores, que não possuíam suas próprias prensas. Um dos clientes de Dolph era a independente Scepter Records. A Scepter havia se mudado para um novo prédio no ano anterior e, durante uma de suas visitas, Dolph percebeu que ela possuía algo novo: um estúdio de gravação próprio.

Em seu tempo livre, Dolph havia aplicado seu conhecimento em engenharia numa empreitada paralela:

Eu operava uma discoteca móvel, que, se não foi a primeira, foi ao menos a segunda em Nova York. Eu era um entusiasta da arte, e o que fazia era produzir música para as galerias, para exposições e inaugurações, mas eu pedia para receber meu pagamento com um trabalho de arte, não em dinheiro. Foi assim que conheci Andy Warhol. Então, certo dia, recebi uma ligação dizendo que ele estava abrindo um novo clube — a Dom — e perguntando se eu gostaria de cuidar do som do lugar. Nos encontramos algumas vezes no meu apartamento para discutir como seria, mas o assunto principal eram os discos, nós nem sequer discutimos a banda. Na Dom, no início, a banda era considerada apenas como mais uma coisa acontecendo no local, pois havia muito mais rolando. Eles exibiam os filmes de Andy, e tinham um projetor de 16mm que Gerard [Malanga] carregava para lá e para cá, projetando os filmes na plateia, na banda, em todo lugar... e olha que a máquina não era nada leve![20]

Com a quantidade de anfetamina que a comitiva de Warhol tomava naquela época era possível que eles tivessem *consumido* um ou dois projetores de 16mm. Mas as drogas não eram, decididamente, o lance de Norman: "Minha vida era o mais afastada possível de heroína nas veias."[21] Felizmente para os Velvets, seus hábitos musicais eram mais alinhados com os deles, e quando Warhol mencionou que gravariam um disco, Dolph embarcou na empreitada: "Era uma espécie de bico para mim, na verdade." O plano era que ele reservaria o estúdio, ajudaria com os custos, produziria, e, quando o projeto estivesse terminado, usaria suas conexões na Columbia para conseguir um contrato

---

[20] Harvard, *Dolph*, p. 1.
[21] Harvard, *Dolph*, p. 2.

para a banda. Ele foi bem-sucedido em três das quatro tarefas e começou a entrar em contato com John Licata, na Scepter.

Licata era provavelmente um dos poucos engenheiros da época que conseguiriam fazer o trabalho, uma época na qual Lou Reed afirma que "engenheiros nos dispensavam... 'Não me tornei um engenheiro para vocês se masturbarem! Isso é barulho e é um lixo.' Passamos por isso muitas vezes".[22] Já Dolph afirma que Licata era um profissional experiente:

> Ele era engenheiro de estúdio da Scepter em tempo integral. Por conta disso, poderia pegar alguns trabalhos por fora quando o estúdio não estivesse reservado. Ele conseguia trabalhar com materiais que não suportava e, ainda assim, dar tudo de si. Ele dava ao cliente o que o cliente desejasse. John estava lá gravando soul e R&B em um dia e material orquestral de Dionne Warwick e Burt Bacharach no dia seguinte... "São duas da tarde, então deve ser material gospel"... ele era um engenheiro artesão, sem uma postura de "estrela", que imagino que alguns engenheiros tenham agora, ele se entregava ao trabalho. Era um profissional. Não trataria o material com desdém nem diria "que merda é essa!?"[23]

É preciso ser justo; com Warhol entrando e saindo do estúdio, somente Dolph e Licata estavam presentes na sala de controle durante todo o período em que o disco estava sendo gravado. Este disco não teria acontecido sem eles. Ainda assim, Dolph tira o chapéu para Licata e Cale, afirmando: "Grande parte do crédito pelo som da gravação deve ser atribuído a John Licata... Fui mais o que se chamaria hoje de produtor de linha. A

---

[22] Bockris, *Transformer*, p. 129.
[23] Harvard, *Dolph*, p. 8.

função de produtor criativo devo atribuir a Cale. Tudo que se relacionasse à música ou aos arranjos era responsabilidade de Cale."[24] (Nota do autor: certa vez gravei com o falecido produtor dos Stones, Jimmy Miller, um cara bonito e brilhante, e ele trouxe com ele um produtor de linha... só que as linhas que o cara produzia eram "carreiras".)

Dolph permaneceu no ramo musical, como letrista e editor musical, "sobretudo durante a era disco", lançando canções com Isaac Haynes e KC and the Sunshine Band. Ele escreveu a letra para o sucesso de 1974, de Joey Levine, "Life is a Rock (But the Radio Rolled Me)", uma pequena pérola pop na qual ele conseguiu o impressionante feito de mencionar Dr. John the Night Tripper, Doris Day e Jack, o estripador, em um só verso. Trabalhou também com Johnny Thunders, Bowie e J.J. — não John — Cale.

Pouco se sabe sobre o papel do engenheiro de gravação Omi Haden, também listado nos créditos como Ami Hadani. Haden trabalhou nos álbuns *Freak Out* e *Absolutely Free* do Mothers of Invention e no *Animalism* do Animals, todos gravados no TTG Studios. Também trabalhou nas audições de Lowell George, na Factory, para Zappa, na Original Sound, em Los Angeles, no outono de 1966. Todos, com exceção do último, são produções de Tom Wilson, e cada um desses projetos possui uma conexão com Zappa, logo ele poderia ter sido ou o engenheiro da casa no TTG ou alguém de confiança de Zappa ou de Tom Wilson durante 1966 e 1967.

Tom Wilson fora, inicialmente, um produtor de jazz. Trabalhou com artistas do final dos anos 1950 e do começo dos 1960 como Sun Ra, John Coltrane, Cecil Taylor e outros até que, em

---

[24] Harvard, *Dolph*, p. 2.

1963, devido a uma manobra de poder, a Columbia Records o contratou como o produtor de Bob Dylan, substituindo o mais contido John Hammond. Wilson, que se formou em economia em Harvard, não era um entusiasta do folk e tampouco do rock, mas estava impressionado o suficiente com Dylan a ponto de assumir as sessões de gravação de *The Freewheelin' Bob Dylan*. Suas experimentações, colocando guitarra elétrica em algumas faixas que Dylan gravara em 1962 — bem como sua produção em *Bringing it All Back Home* e "Like a Rolling Stone" — o tornaram pioneiro do novo som folk-rock, um estilo que ele ajudou a definir por meio de seu trabalho com Simon and Garfunkel (que estavam prestes a se separar quando o tratamento de bateria e violão de Wilson fez com que "Sound of Silence" se tornasse um hit, ocupando o primeiro lugar nas paradas de sucesso). Richie Unterberger escreveu:

> Além de tudo, a passagem de Wilson pela Columbia se tornou uma dessas situações que "só poderia acontecer nos Estados Unidos e no rock'n'roll": um produtor de jazz afro-americano, que dizia nem sequer gostar de música folk quando começou a trabalhar com este estilo, se tornar o principal agente na transição do folk para o folk-rock.[25]

Wilson trabalharia posteriormente com o Soft Machine e com o The Blues Project, mas foi sua mudança para a MGM/Verve que pavimentou o caminho até seu envolvimento com o rock *avant-garde*. Em 1966 ele produziu o Animals, o

---

[25] Unterberger, Richard. "Tom Wilson." ARTISTdirect Inc., 1997-2003. Trecho de http://www.artistdirect.com/music/artist/bio/0,,510719,00.html?artist=Tom+Wilson

Mothers of Invention e Burt Ward, todos no TTG Studios, em Los Angeles, onde trabalhou com o Velvet em maio, e onde editou, remixou e remasterizou o "disco da banana", com o auxílio dos engenheiros David Greene e Gene Radice. Por fim, produziu "Sunday Morning" em Nova York.

Contudo, é o nome de Andy Warhol que aparece nos créditos do disco, e ele não se assemelha nem ao nome de Dolph nem ao de Wilson. De modo direto, Cale afirmou que "Andy Warhol não fez nada".[26] O estilo único de Warhol pode desqualificá-lo para o título de "produtor", tornando-o, efetivamente, um produtor executivo. Mas o papel de Warhol e seu *efeito* como produtor não podem ser negados. É possível afirmar que ele produziu os produtores, bem como a banda.

Amigo de longa data da banda, agente de rock e lendário na descoberta de novos artistas e repertórios de gravadoras, Danny Fields se expressa com eloquência sobre a questão em *Uptight: The Velvet Underground Story*:

> Andy não sabe como traduzir ideias em termos musicais (...) Andy (...) estava fazendo com que a banda soasse como soava na Factory. Isso é o que eu faria caso fosse um amador em produção (...) O que Andy fez foi generosamente reproduzir (...) o modo como eles soavam para ele quando se apaixonou pela banda.[27]

O grupo já possuía um som próprio antes de conhecer Warhol. Eles tinham a experiência de Lou Reed na Pickwick para prepará-los para os desafios técnicos do estúdio, e a boa sorte de encontrar Dolph e Licata no momento certo. Em

---

[26] Bockris, *Uptigth*, p. 116.
[27] Bockris, *Uptigth*, p. 50.

Los Angeles a sorte sorriu novamente, e então adicionaram a experiência de Tom Wilson à mistura. Logo, não havia nenhuma necessidade de Warhol meter a mão na massa, o que realmente não poderia fazer.

REED: Andy era o produtor e estava realmente atrás da mesa de gravação, observando fascinado...
CALE: ...extasiado com toda a ação.
REED: Extasiado com toda a ação. Ele apenas tornou possível que fôssemos nós mesmos e seguíssemos adiante, pois ele era Andy Warhol. Em certo sentido ele realmente o produziu, pois era uma espécie de escudo que absorvia todos os ataques quando não éramos grandes o suficiente para sermos atacados... Tê-lo como produtor nos permitiu simplesmente entrar no estúdio e fazer o que sempre fizemos, sem que ninguém atrapalhasse, porque Andy era o produtor. É claro que ele não entendia nada de produção de discos, mas realmente ele não precisava entender. Simplesmente sentava lá e dizia: "Ah! Isso é fantástico", e o engenheiro concordava: "Ah! Sim! Realmente! É fantástico, não é mesmo?"[28]

Só esse fato já tornaria a presença de Warhol indispensável para o álbum. Mas ele fez mais do que isso, é claro. Fricke chama Warhol de "um especialista em projetar, sutilmente, colisões entre pessoas e ideias",[29] e neste papel, Warhol (com a ajuda de Paul Morrissey) persuadiu o grupo a aceitar Nico como vocalista, completando a mistura que torna o álbum tão incrível. Ele era também a proteção sob a qual Dolph, em Nova York, e

---

[28] Flanagan, p. 3.
[29] Fricke, *Peel*, 22.

Wilson, em Nova York e depois em Los Angeles, trabalharam, livres da interferência da gravadora. E ele fez com que o álbum acontecesse pois, mesmo com o brilhante trabalho de Dolph e Wilson, sem a carta branca de Warhol é possível que a gravação não chegasse até o vinil. Logo, Warhol fez precisamente o que um grande produtor deveria fazer: alcançou uma tradução do som que a banda ouvia em suas cabeças para o disco, e depois a conduziu até o mundo real, tornando-a palpável.

A ausência da experiência de Warhol em estúdio traria consigo uma desastrosa perda na claridade do som. Cale também afirmou que Norman Dolph "não entendia porra nenhuma sobre gravação... ele não entendia o que tinha em suas mãos",[30] e ainda que Dolph não tenha comprado a briga (ele sempre dizia que "ninguém sabia o que estava fazendo"), acho que a crítica de Cale é descabida. Para começo de conversa, com Cale ocupando o papel de produtor criativo sem portfólio, Dolph afirma:

> Nunca senti que tinha a autoridade para escolher os takes ou vetá-los, estava claro para mim que isso caberia a Cale, Reed e Morrison... Lou Reed era aquele que dizia: "Isso precisa ser um pouco mais quente", tomava decisões sobre aspectos técnicos... e a mixagem se dava realmente entre Cale, Sterling e John Licata, pois, novamente, tudo era feito em tempo real.

Quanto à qualidade sonora, algumas faixas supersaturadas causaram distorções audíveis, e alguns ruídos de overdubs também são perceptíveis. Contudo, considerando a confusão sônica sem precedentes de canções como "European Son" e "Black Angel's Death Song", que poucos engenheiros teriam

---

[30] Bockris, *Transformer*, p. 129.

tolerado gravar em 1966, é preciso concordar que o time Dolph-
-Licata trabalhou com brilhantismo. Qualquer dúvida nesse sentido pode ser tirada com uma atitude "poderia ter sido assim", se
compararmos o resultado às primitivas gravações de Reed na
Pickwick, que não poderiam ser, de maneira nenhuma, coloca-
das na mesma linhagem que o trabalho de engenharia de Licata.
E qualquer questão com ruídos ou distorções não atrapalha a
audição do LP. Mais do que isso, a banda aceitou superbem
esses pequenos defeitos técnicos na época e — seja essa uma
escolha deles ou de Warhol —, junto com o produtor, compar-
tilharam uma estética que incorporava os erros como parte do
modus operandi. Reed comentou:

> Ninguém deseja soar profissional. É muito mais divertido tocar
> em um microfone barato. É assim que soa quando você escuta
> ao vivo e é como deve soar no disco.[31]

Warhol elaborou:

> Me preocupava que tudo soasse muito profissional… uma das
> coisas que era incrível sobre eles era o fato de soarem tão crus e
> naturais. Crus e naturais é o modo como gosto que meus filmes
> sejam, e há uma similaridade entre o som daquele álbum e a
> textura de *Chelsea Girls*, ambos lançados na mesma época.[32]

A abordagem do estúdio, como lembra Dolph, deixou
pouco espaço para que as coisas soassem profissionais demais:

---

[31] Bockris, *Uptight*, p. 96.
[32] Bockris, *Uptight*, p. 120.

De um ponto de vista prático, não era possível ter muitas opções. Ou conseguiam de cara ou fracassavam ou gravavam alguns poucos takes; mas nunca chegariam a algo como 17 takes... ou você escolhia esse ou aquele, ou gravava outra versão. Geralmente gravavam um trecho de um e escutavam. Se gastassem muito tempo em algum e, no final, desse errado, eles o escutariam e diriam "É, parece que está tudo certo". E se chegassem ao fim da canção sem erros, eles a ouviriam e a aprovariam, ajustariam a mixagem ou então gravariam de novo. Mas não havia muitos takes completos.[33]

I'm sticking with you

Os membros do Velvet nunca tiveram dúvidas em relação à gratidão pelo importante papel desempenhado por Warhol em suas carreiras e no primeiro álbum. Quando personalidades tão díspares e tão inteligentes (para não dizer enjoadas) como as que compunham a banda concordam que devem muito a Warhol, é preciso levar o fato em consideração: afinal de contas, eles estavam lá. Cale e Reed fariam as pazes para escrever *Songs for Drella* juntos, em 1989, uma homenagem a Warhol cheia de amor e respeito. (Trata-se também de um disco forte, que fica melhor a cada audição, e que se encontra entre os trabalhos mais vitais de ambos os compositores desde que o Velvet se dissolveu.) Sterling Morrison fez seu próprio tributo afirmando que Warhol é a influência mais importante de sua vida: "Pode parecer absurdo, mas decidi que ele nunca esteve errado. Ele nos deu a confiança para continuar fazendo o que vínhamos fazendo."[34]

---

[33] Harvard, *Dolph*, pp. 9-10.
[34] Bockris, *Uptight*, p. 51.

Confiança era precisamente do que a banda mais precisava em 1966. Eles estavam prestes a entrar em estúdio — naqueles dias ainda um local com uma atmosfera rarefeita. Seriam necessários outros vinte anos até que estúdios independentes como o Athens, o Drive-In de Georgia e o Fort Apache de Boston (esse último sendo meu estúdio. Nossa crença era: "Os loucos deveriam comandar o hospício") se tornassem comuns. Alguns estúdios, como Abbey Road, possuíam técnicos com jalecos brancos, e até mesmo estúdios menos formais geralmente possuíam graduados em engenharia por trás de suas mesas de som. Estúdios pareciam mais ligados à ciência do que à arte. Clientes que ousavam fazer sugestões técnicas eram tratados com desprezo, escárnio ou hostilidade. O Velvet era uma banda jovem sob constante ataque crítico, e a pressão para entrar na linha em nome de uma possível aceitação deve ter sido tremenda. A maior parte das bandas daquela época se ajustava às suas gravadoras, transformando totalmente sua imagem, desde o guarda-roupa até o estilo musical, mudando ou omitindo letras, criando drásticas edições para as rádios ou eliminando canções de seus shows e dos álbuns. Com Andy Warhol ao lado da banda, tais ameaças eram minimizadas.

O grupo frequentemente cita o conselho de Andy logo antes das primeiras sessões: "Está tudo ótimo, só se certifiquem de manter os palavrões nas músicas."[35] A frase, que até mesmo aparece em *Songs for Drella*, era entendida pela banda como "fiquem firmes... não deixem que eles os amansem para que não incomodem ninguém".[36] Com esse amparo eles tiveram a

---

[35] Palmer, Robert. *Rock and Roll: An Unruly History*. Nova York: Harmony Books, 1995.
[36] Palmer, p. 179.

coragem de permanecer no caminho que sabiam que deveriam seguir: "Não tornem o disco agradável. Não estraguem tudo, tornando o disco suave."[37] Lou Reed relembrou momentos que antecederam sua entrada em estúdio:

> Andy fez questão de tentar garantir que em nosso primeiro álbum a linguagem permanecesse intacta: "Não mude as palavras só porque é um disco." Acho que Andy estava interessado em chocar, em dar um solavanco nas pessoas e em não deixar que nos convencessem a mudar as canções em nome de popularidade. As melhores coisas nunca chegam ao disco... ele era inflexível em relação a isso. Ele não queria que o disco fosse higienizado, e como Andy estava ali, isso não aconteceu.[38]

Com isso a banda tinha todos a postos e solícitos sempre que seus objetivos se alinhavam aos de Warhol e Dolph. Quando conversamos, Norman minimizou sua participação nas gravações, menos em um aspecto: o esforço realizado para manter as gravações fluindo em um ritmo que possibilitaria ao grupo alcançar um objetivo tão simples que era quase impossível em 1966:

> Eles sabiam o que queriam, e ninguém se desviou dessa trilha. Eles queriam manter o mesmo som da noite anterior, na Dom, e (...) a quantidade de dinheiro era finita e predeterminada (...) mantive as coisas nos trilhos, fazendo o que deveria ser feito sob as restrições de tempo e dinheiro (...) além disso não quero tentar ter mais crédito.[39]

---

[37] Fricke, *Peel*, p. 7.
[38] Bockris, *Transformer*, pp. 129-30.
[39] Harvard, *Dolph*, p. 12.

É possível que Danny Fields estivesse errado quando afirmou que "Andy não teve qualquer influência no som da banda".[40] É verdade que a banda possuía seu próprio som antes de conhecer Warhol, mas o impulso criativo proporcionado pelo artista era sentido fora do estúdio de gravação, conceitualmente e criativamente. Foi o comentário de Warhol de que a banda deveria ensaiar somente no palco que os ajudou a se lançarem em improvisos audaciosos. Ele sugeriu que Reed escrevesse ou fizesse (às vezes pequeninas, mas significantes) mudanças em "I'll Be Your Mirror", "Femme Fatale", "All Tomorrow's Parties" e "Sunday Morning". Por vezes uma simples afirmação era o gatilho para a mudança de Lou, ou a inspiração necessária para um novo trecho da música. Outras vezes o envolvimento era mais direto, como no caso de "Femme Fatale". Se não fosse por Warhol, é claro, Nico nunca teria se juntado ao grupo, e esse fato já torna seu papel colossal no som do primeiro álbum e, por extensão, da banda.

Entra Nico

JOE HARVARD: Cale disse, depois que ela morreu, que Nico foi a única que continuou com a tradição do Velvet. Acho que ele disse: "Foi ela que carregou a bandeira do Velvet Underground durante todos esses anos…"
NORMAN DOLPH: Acho que é uma afirmação justa… aquele disco que Cale produziu, *Desertshore*… soa exatamente como a continuação de onde "I'll Be Your Mirror" parou.[41]

---
[40] Bockris, *Uptight*, p. 50.
[41] Harvard, *Dolph*, p. 9.

Christa Päffgen nasceu em 1938 em Colônia; suas memórias mais antigas eram da guerra na Alemanha, e seu pai morreu em batalha quando ela tinha 6 anos. Ela aprendeu cedo a se defender e desenvolveu um traço de independência que carregaria por toda a vida. Quando adolescente, ganhou dinheiro como modelo por conta de sua beleza nórdica e seguiu por esse caminho numa odisseia, passando por Berlim, Paris e Nova York, o que culminou com sua contratação como modelo internacional para a Ford Modeling Agency. Christa se tornou Nico, e logo adicionou a palavra "atriz" ao seu currículo quando arranjou um papel em *La Dolce Vita*, de Fellini.

A profissão de modelo e a de atriz seriam meros preâmbulos para a carreira musical que Nico assumiria em seguida, e que a acompanharia para o resto de sua vida. Sua vida boêmia tornou-se incompatível com incômodos pequenos detalhes como compromissos matinais, e a perda de Roma foi compensada pelo ganho de Nova York. Mas antes ela partiu para Londres onde gravou o single "Last Mile"/"I'm Not Saying", produzido pelo supermúsico de estúdio e futuro guitarrista do Led Zeppelin Jimmy Page. A caravana do folk andava em alta velocidade naquela época e, para a sorte de Nico, Page produziu um single que daria a ela uma chance de acompanhá-la. O agente e produtor dos Stones, Andrew Loog Oldham, lançou o compacto de Nico em seu selo, Immediate, logo ela tinha um ótimo cartão de visitas para distribuir em Nova York. Lá conheceu Bob Dylan, com quem teve um breve caso amoroso.

Foi em Paris que encontrou Andy Warhol pela primeira vez, o que garantiria que seu caminho cruzasse em breve com o do Velvet. Gerald Malanga, um dos principais dançarinos do *EPI* em 1966, resume com primor a vida profissional de Nico antes de se juntar ao Velvet Underground:

Nico grudou em Andy e em mim quando foi para Paris. Apenas somei dois mais dois para deduzir que ela havia dormido com Dylan... Ela conseguiu uma canção de Bob, "I'll Keep it With Mine", então ele provavelmente ganhou algo em troca, *quid pro quo*. Mas Nico possuía uma mente independente. Sua própria história pessoal a precedia: Brian Jones, Bob Dylan, ela havia atuado em *La Dolce Vita*, de Fellini, e era a mãe de Ari, o filho ilegítimo de Alain Delon. É... Nico já possuía um estilo de vida quando a encontramos.[42]

Nico aceitou o convite de Warhol para visitá-lo em Nova York, e quando chegou lá ela também conheceu um impressionado Paul Morrissey, naquela época coagente do Velvet. Morrissey havia desenvolvido sérias dúvidas sobre as habilidades de Lou Reed como vocalista. Não exatamente um fã de suas capacidades ou da sua personalidade (dentro e fora do palco), Morrissey fez uma fatídica sugestão a Warhol:

> Ela é maravilhosa e está procurando por trabalho. Vamos colocá-la na banda pois o Velvet precisa de alguém que consiga cantar ou chamar atenção... ela pode ser a vocalista. É claro que Lou Reed quase morreu quando eu disse que precisávamos de uma garota cantando no grupo... Eu não queria dizer que eles precisavam de alguém que tivesse algum talento, mas era essa a ideia. Lou estava muito relutante em aceitar Nico... Ele deu a ela duas ou três pequenas canções e não a deixou fazer mais nada. [43]

Tendo gastado centenas de horas em ensaios, trabalhando e retrabalhando suas canções, o Velvet Underground estava

---

[42] McNeil, pp. 7-8.
[43] McNeil, pp. 8-9.

ansioso para sair e tocar, e a última coisa que procuravam era um novo vocalista, especialmente uma mulher. Quando o percussionista Angus MacLise abandonou o grupo pouco antes do primeiro show, e Sterling sugeriu Moe Tucker como substituta, Cale foi contra, praguejando contra garotas na banda. É possível presumir que o argumento servia tanto para cantoras quanto para bateristas. Dois fatos podem ter ajudado a mudar a opinião de Cale sobre Moe: Sterling havia inicialmente sugerido Moe, e Lou havia aprovado sua entrada na banda após conduzir uma miniaudição na casa dela, em Long Island. Contudo, o mais provável é que ele tenha abandonado a objeção porque precisavam de um baterista imediatamente, para cobrir os próximos shows. Tal urgência era inexistente no que se referia a um novo vocalista. Logo, coube a Warhol persuadir uma relutante banda a aceitar Nico a bordo. Um enorme indicativo de quão profunda era sua influência na banda é o fato de que o artista foi de fato capaz de fazê-lo.

Com exceção de alguns poucos vocais livres, apresentados ao vivo, tais como o atmosférico "It Was a Pleasure Then" (gravado posteriormente para o LP *Chelsea Girls*), a Nico cabiam apenas as três canções que cantava em *The Velvet Underground and Nico*, além de "Sunday Morning", que cantava ao vivo. No restante do tempo, ela tocava pandeiro ou simplesmente permanecia imóvel no palco, o que fazia Morrison comentar: "Temos uma estátua na banda." Como era de se esperar, logo Nico batalhava por mais algumas canções, mas a simples ideia de canções como "Heroin" ou "I'm Waiting for the Man" serem interpretadas por ela dava urticárias em Lou Reed. Felizmente para a saúde de Reed, a ideia de Nico cantar todas as canções foi rejeitada pela banda.

Talvez essa rejeição inicial explique a razão de Nico ter se mantido bastante discreta em estúdio. De acordo com Norman

Dolph, ela ficou um tanto isolada: "Quando era sua hora de cantar Nico cantava; quando não estava cantando ela se sentava em silêncio em um canto, geralmente sozinha... Mas, no geral, se ela não estivesse cantando, ela não estaria lá..."[44]

Nico foi expulsa do grupo logo que o álbum foi lançado, em 1967; isso provavelmente havia se tornado inevitável desde o ano anterior, quando o Velvet recebeu a maior atenção da imprensa até então em função exatamente de uma reportagem sobre Nico (na página feminina do *The New York Times*). Ela aproveitou o breve período em que sua carreira ofuscou a de sua banda, depois que Warhol deu a ela um papel no filme *Chelsea Girls*. John Cale manteve uma relação colaborativa com ela, que começou com a trilha do filme *Chelsea Girls*, e depois em quatro discos de Nico nos quais ele foi o produtor (Tom Wilson também produziu um álbum de Nico). Cale e Reed tiveram breves casos com Nico durante seu período na banda e, depois que a carreira dela esmoreceu, Cale sempre repreendeu Reed por negar-se a escrever algumas canções para ajudá-la. Reed parece nunca a ter perdoado pelas poucas canções que teve de ceder a ela durante o primeiro álbum.

Viciada em heroína por muito tempo, Nico faleceu em 1988, com apenas 49 anos de idade. Andando de bicicleta pela ilha de Ibiza, trajando um longa longa túnica que passou a usar no fim da vida, ela foi encontrada na beira de uma estrada, inconsciente, vítima de uma hemorragia cerebral. Era como se um círculo se fechasse, pois foi nesta mesma ilha — que ela adorava e onde fez seu lar — que ela assumiu o nome Nico, três décadas antes.

Mas em 1966, época em que foi escolhida como Factory Girl do ano, a devastação do tempo e da heroína parecia algo

---

[44] Harvard, *Dolph*, p. 3.

muito distante. Ela intrigara Warhol, parecia a Paul Morrissey a pessoa ideal para ser vocalista do Velvet, e sua estrela brilhava com uma intensidade tão grande que, apesar das objeções, até mesmo os membros da banda não poderiam deixar de reconhecer.

Sob a influência: tirando o som

JOHN CALE: O que estávamos fazendo era tentar entender como integrar alguns dos conceitos de LaMonte Young ou de Andy Warhol ao rock'n'roll.[45]

LOU REED: Se eu não tivesse ouvido rock'n'roll no rádio eu sequer teria ideia de que existia vida neste planeta.[46]

STERLING MORRISON: Lou e eu tivemos algumas das piores bandas que já existiram. E elas eram ruins pois estávamos tocando o autêntico rock'n'roll.[47]

ANDY WARHOL: Durante todo o período em que o álbum estava sendo gravado ninguém parecia feliz com ele, especialmente Nico. "Queria que soasse como Bowwwhhhb Di-lahhhn!", reclamava ela, muito chateada pois não conseguia o que queria.[48]

Discutindo dois importantes discos de rock lançados com meses de diferença, em 1967, Robert Palmer declarou o seguinte:

---

[45] McNeil, p. 24.
[46] Fricke, David. *Liner Notes to Loaded* (*Fully Loaded Edition*). Rhino Records, 1997.
[47] Modern, p. 1.
[48] Bockris, *Uptight*, p. 50.

Os dois discos soam como produtos de diferentes eras, bem como de diferentes sensibilidades. *Sgt. Pepper's* permanece vinculado à sua época, tão excêntrico e datado quanto o par de óculos de um idoso; *The Velvet Underground and Nico* evoca nossa época, representa nosso presente. Parte disso se deve a suas inflexíveis letras... em sua maior parte é um tributo tão radical à música que mal parece ter envelhecido.[49]

Muitos anos após ter vindo de Boston, de ônibus, para bater na porta do Velvet, em Nova York, Jonathan Richman elaborou a seguinte questão musical: "Como era possível que eles tirassem aquele som, o Velvet Underground?" A banda alcançava uma complexidade espantosa a partir de três ou quatro acordes, com a promessa de tocar partes que se completavam e com uma aversão a tocar qualquer canção do mesmo modo duas vezes. Esses elementos combinados transformaram a banda em um maquinário orgânico, como um mecanismo de Rude Goldberg, em que uma mudança em um componente reverbera através dos outros.

Quem influenciou essa banda que influenciaria tantas outras? Uma resposta é Booker T. and the MGs, e seu guitarrista Steve Cropper em particular. Seu trabalho com o Booker, e como músico de estúdio com gênios do soul como William Bell, Otis Redding e Sam and Dave, é o representante definitivo da guitarra de soul. Uma clara influência no tom e no estilo dos guitarristas do Velvet, Cropper era absolutamente rítmico, um mestre da Telecaster, instrumento que definiu o músico disposto a sacrificar o estrelato em favor de um papel coadjuvante. O enorme legado de Cropper inclui indicar ao Velvet um modelo

---

[49] Palmer, pp. 231-32.

de como as guitarras deveriam trabalhar em uma sessão rítmica. A banda tem inclusive uma canção chamada "The Booker T.", posteriormente usada como fundo instrumental para "The Gift".

Além de Cropper, Morrison e Reed eram fãs de Mickey and Sylvia, cujo hit "Love is Strange" vem a calhar, tendo em vista os excessos românticos que o Velvet explorava. Guitarrista/músico de estúdio, o peso-pesado Mickey Baker serviu de modelo para a sonoridade de guitarra líquida e sensual ouvida posteriormente nas faixas do Velvet. Reed e Morrison também admiravam Jimmy Reed, e faziam versões de "Bright Lights, Big City" durante seus primeiros shows em clubes. As canções mais cruas de Jimmy Reed ostentavam um estilo e um timbre de guitarra docemente refinados, e ainda assim despretensiosos, antecipando em parte a combinação de que o Velvet se valeria: crueza primal com timbres imaculados.

Os primeiros shows do Velvet Underground também apresentavam covers de Chuck Berry como "Little Queenie". O jogo de palavras engenhoso e, por vezes, subversivo de Berry oferecia ao rock'n'roll, em seu início, um lirismo mais poético e literário. Logo, não é surpresa que Morrison tenha afirmado que o interesse da banda fosse maior pelo Berry letrista do que pelo guitarrista. Ainda assim, seu uso de figuras sonoras repetitivas se torna aparente no trabalho da banda. Mais do que isso, Reed em particular compartilhava da habilidade de Berry de engendrar infinitas partes de um acorde por meio de padrões de dedilhados e vibratos. Sua adição de apogiaturas em acordes simples evoca o uso da técnica da mão direita de Chuck Berry, criando o máximo de potência na melodia por meio de um movimento mínimo da mão esquerda. Dos Stones, Reed e Morrison absorveram a lição de Jones-Richards sobre como duas guitarras devem trabalhar como uma, e da experiência de Cale com

La Monte Young eles aplicaram os acordes que incrementaram a guitarra de Berry/Cropper, dando origem a ciclos incessantes de agitação.

Outra importante influência foi Bo Diddley. Jonathan Richman afirma que Diddley era a influência chave para os quatro instrumentistas do Velvet. Inventivo e original, o guitarrista, que usava uma Gretsch quadrada, feita sob encomenda (bem como outra guitarra coberta com tecido de carpete), contribuiu com uma batida que se tornou sua marca registrada e com uma guitarra explosiva para roqueiros como Buddy Holly ou os Yardbirds, proporcionando assim um ingrediente chave para a receita do rock'n'roll. Três ou quatro décadas após "Bo Diddley" ter entrado nas paradas de sucesso, seu riff e sua batida continuam proeminentes em hits de bandas como Hoodoo Gurus, George Thorogood e U2 ("Desire" é um plágio nota 10 do estilo de Bo).

Antes de se juntar ao grupo, Moe Tucker tocava junto com os discos dos Rolling Stones e de Bo Diddley quase todas as noites após chegar do trabalho, mas é Bo Diddley que figura proeminentemente na percussão do Velvet. Ela também acompanhava o *Drums of Passion*, um LP africano que influenciou a escolha de sua bateria e seu modo, nada ortodoxo, de posicioná-la.

Parte da abordagem da banda foi definida pelas dúzias de vezes que Lou Reed foi a concertos de seus músicos favoritos, como o gênio do jazz Ornette Coleman, cujas técnicas de improviso fizeram Reed acreditar que pertenciam também ao rock. Improvisação, sim, mas sem o egocentrismo das bandas de São Francisco, cujo modelo "cada um por si" resultou em solos tolos e intermináveis. O estilo *free jam* de São Francisco contaminou muitas bandas da época, incluindo uma das maiores bandas inglesas de todos os tempos: Cream. Doug Yule, que se juntou ao Velvet depois que Reed expulsou Cale, afirma que a improvisação do grupo ao vivo não era algo desgovernado: Reed se posicionava firme no leme. Em muitos níveis era a solidez de Moe Tucker que permitia que suas explorações ocorressem:

> Havia muita improvisação no palco, o que você só pode fazer se sua base rítmica for confiável. Maureen não deixava muitos intervalos abertos. Ela iniciava a canção, tocava o tempo inteiro e, quando a canção terminava, parava como uma máquina; e era possível brincar com isso, Lou poderia desacelerar ou acelerar. Maureen não improvisava muito… Lou (…) guiava a improvisação, ele acelerava quando queria e nós o acompanhávamos.[50]

Tucker certamente improvisava com o resto da banda, e o comentário de Yule pode indicar apenas que ela não improvisava como a maioria dos bateristas. Questionada por Jeff Clark, em 1988, se alguma vez já tocara um solo de bateria em sua vida, Moe Tucker gargalhou: "Um solo de bateria? Não! Ha ha ha! Eu não poderia, mesmo se quisesse. Essa é a chave de aprender a tocar como Moe. Não aprenda a tocar corretamente… Esse não é um bom conselho, não é mesmo? Apenas se divirta!"[51]

Durante a mesma entrevista Tucker também afirmou:

> Sempre odiei bateristas como Ginger Baker, ai meu Deus, que golpeava algo sempre que possível. Eu simplesmente odiava isso, antes mesmo de começar a tocar bateria. Então, quando comecei

---

[50] Mercuri, Sal (ed). "Doug Yule: Head Held High". *The Velvet Underground fanzine*. Fierce Pup Productions, vol. 3, outono/inverno de 1994.
[51] Clark, Jeff. "Wal-Mart Of Sound. To Know Moe is to love Moe". *Stomp and Stammer*, 1998.

a tocar, Charlie Watts foi uma grande influência para mim, e acho que sequer percebi na época que gostava tanto dele. Ele toca de um jeito tão simples. Nunca faz nada desnecessário. Acho isso muito mais efetivo.[52]

Moe era uma operária no estúdio também. Dolph certa vez me disse: "Não me lembro de Moe dizendo nada, nunca. Os outros diziam: 'Precisamos fazer isso e isso', e ela ia até sua bateria e fazia."[53]

Yule também notou que a divisão de trabalho das guitarras era relativamente fixa — em relação aos solos — e, em certa instância, improvisada; ou era ele que não conseguia entender o critério praticado:

> Sterl e Lou não tinham papéis definidos. Lou sempre tocou guitarra rítmica quando cantava e Sterl alternava entre ritmo e partes. Quando chegava o solo, eles dividiam as canções por meio de um método que somente eles sabiam. Sterling sempre surgiria com um tempo mais organizado enquanto Lou favorecia os solos mais longos, mais altos e desleixados.[54]

Existe uma intrigante circularidade no modo como o som do Velvet foi influenciado pela música africana e pelo blues norte-americano e, ainda assim, é impressionante como suas canções parecem vazias destes estilos. Sua música permanece predominantemente branca, bem como a música daquela banda a quem influenciariam: os Stooges. Em contraste com tantas outras ban-

---

[52] Clark, p. 3.
[53] Harvard, *Dolph*, p. 3.
[54] Mercuri, *Head*.

das dos anos 1960, não existiam muitos ritmos africanos ou afro-cubanos em evidência. Ainda assim, em um nível fundamental o Velvet Underground se encontrava entre os mais bem-sucedidos na empreitada de integrar a *essência* da música africana em seu som: repetitiva, com partes interdependentes crescendo ao redor de uma parte central, e um ritmo constante. Mais importante que isso: existia um esforço bem-sucedido quase por completo em evitar a incorporação das influências dominantes da época. Uma animadora ausência de riffs "blueseiros" prevalecia. Enquanto todos os outros estavam cultuando e canibalizando o blues na formação de suas próprias sonoridades, o Velvet impunha penalidades em seus ensaios para todos os que estivessem se valendo de algum naco do blues.

Jonathan Richman permanece na dúvida em relação ao depoimento de Lou Reed em *Transformer* em que diz: "Na verdade tínhamos uma regra na banda. Se qualquer um tocasse uma estrutura de blues, seria multado."[55] Ele acredita que se trata de uma citação errônea e diz: "Ouvi Sterling tocando estruturas de blues o tempo inteiro." Tendo em vista que a maioria das linhas de guitarra são baseadas em escalas de blues, a maior parte dos solos de rock são, na realidade, solos de blues. E, sem dúvida, guitarristas capacitados como Reed e Morrison escutavam os velhos mestres do blues — o último inclusive o confirmou —, mas essas não eram as pessoas cujo trabalho ressoava no som do Velvet. A banda evitava a apropriação ou a citação direta de riffs conhecidos de "bluesmen", como Elmore James, Albert King e Muddy Waters, que podem ser encontrados por todo o trabalho de bandas como Led Zeppelin, Yardbirds, Cream e Allman Brothers. Mas talvez estejamos tratando de semântica aqui.

---

[55] Bockris, *Transformer*, p. 92.

O restante da citação de Reed torna claro que ele está tentando indicar que o Velvet recebeu uma maior influência, por exemplo, dos antigos grupos de doo-wop: "Todos estavam enlouquecendo por causa dos antigos nomes do blues, mas se esqueceram de todos os grupos como os Spaniels... os Chesters... os Solitaires... todos esses discos ferozes que ninguém parece escutar mais, e que estavam por trás de tudo o que tocávamos."[56] Reed, de todo modo, repete a decisão de evitar os blues em 1989, em entrevista à *Guitar World*.

Bons momentos juntos

O processo criativo do Velvet era voltado para o trabalho conjunto, altamente competitivo, e se encontrava, talvez, no auge de seu funcionamento durante a gravação de *The Velvet Underground and Nico*. As tensões e batalhas pelo controle endêmico de sua metodologia de trabalho estavam presentes, mas ainda não haviam se tornado mais danosas do que úteis. Além disso, em comparação com seu trabalho posterior, Reed parecia bem mais confortável trabalhando com o formato de grupo sem líder, ainda que detestasse admitir que tal formato era o utilizado pelo grupo. Questionado sobre o trabalho pós-Velvet de Reed, Sterling Morrison sequer hesitou:

ENTREVISTADOR: O que você acha dele atualmente? Penso que, musicalmente, não haja comparação entre aquela época e agora.
MORRISON: E como poderia? Sério, como Lou poderia ser melhor sem John Cale e sem mim do que conosco? (...)

---

[56] Bockris, *Transformer*, p. 92.

Com Cale e eu, nós éramos uma banda realmente criativa. Lou queria muito um enorme crédito pelas canções. Então, em quase todos os álbuns nós demos esse crédito a ele... e agora ele é conhecido como sendo o único e absoluto gênio do Underground, o que não é verdade.[57]

A ideia de Lou Reed trazer as canções completamente arranjadas, de modo idêntico a como seriam ouvidas nos discos do Velvet, é facilmente descartada pela audição das Ludlow Demos, onde as versões mais antigas das canções se revelam enormemente diferentes da forma que assumiram. Em *Transformer*, Sterling Morrison é inequívoco: "Nossa música evoluiu coletivamente. Lou chegava com algum verso esboçado que transformávamos em música. Quase sempre funcionava assim. Sempre transformávamos aquilo em algo realmente forte."[58]

Trabalhar o álbum em estúdio seguia a mesma metodologia dos ensaios, de acordo com Cale, apesar do sentimento de participação em algo importante ser palpável:

> Estávamos realmente empolgados. Tínhamos a oportunidade de fazer algo revolucionário, de combinar *avant-garde* com rock'n'roll, de fazer algo sinfônico. Não importa quão incerto e destrutivo aquilo era, havia ali uma empolgação genuína, em todos nós. Apenas começamos a tocar e seguimos adiante. Quero dizer, realmente nos divertimos.[59]

E realmente soa como se eles estivessem se divertindo. Qualquer um que escutasse, sem preconceitos, o Velvet de

---

[57] Bockris, *Transformer*, p. 92.
[58] Modern, p. 1.
[59] Bockris, *Transformer*, p. 129.

1966 notaria que eles estavam a todo vapor de verdade: tanto no palco quanto no estúdio. Estavam se divertindo muito para que fossem rotulados como sombrios e taciturnos. Entretanto, a maior parte do material escrito ainda os encaixa nessa categoria, e jornalistas geralmente precisam de alguém para fazê-los enxergar corretamente, nesse caso, Sterling Morrison:

ENTREVISTADOR: Tudo o que ouvi sobre o Velvet Underground fez com que a banda parecesse muito sombria...
MORRISON: Costumávamos tocar no Whisky A Go Go toda hora. Quão sombrio pode ser isso?[60]

Em uma conversa com Morrison, em 1970, o escritor Greg Barrios se provou uma exceção à regra:

ENTREVISTADOR: Penso haver muito humor na sua música.
MORRISON: Ah, existe sim.
ENTREVISTADOR: Muitas pessoas, contudo, tendem a enfatizar os traços mais obscuros de Sterling Morrison.
MORRISON: Sim, mas não é assim de verdade. Não fizemos nenhuma tentativa de mudar essa imagem, mas se alguém nos perguntar nós dizemos: "Não, não seja ridículo."[61]

Divertir-se não impedia a banda de ser guiada pela mesma atmosfera competitiva que impulsionava os ensaios, e Cale afirma, sobre as sessões do "Banana", que "Lou estava paranoico, e acabou fazendo com que todos ficassem paranoicos

---

[60] Modern, p. 2.
[61] Barrios, Greg. "Velvet Underground: An interview with Sterling Morrison". Impressão original na revista *Fusion*, 6 de março de 1970.

também". Quando perguntei a Norman Dolph se as gravações tinham sido divertidas apesar da tensão, ele lembrou-se: "Não 'divertidas' no sentido de 'vamos nos juntar e pedir uma pizza', não era esse o clima... mas não senti também nenhuma paranoia." A tensão mais palpável de que Dolph se lembra foi a dos outros moradores do 254 W. 54th Street: "Estávamos trabalhando durante o horário normal de trabalho, e as pessoas nos escritórios ao nosso redor, até mesmo nos escritórios do selo Scepter, estavam acostumadas a ouvir as Shirelles através das paredes... e isso definitivamente *não* era as Shirelles, e ainda por cima tinha uma aparência muito estranha!"

Se o ambiente não era tenso, mas também não era um clima de pizza, como era o estúdio na época em que o disco estava sendo gravado? Além de trabalhar velozmente, Dolph tem outras recordações:

> Havia três atmosferas distintas. Uma quando Lou cantou "Heroin" e '"Waiting for the Man", e estava profundamente preocupado em não errar, queria gravá-las inteiras em uma tentativa... e nesse momento havia uma intensidade enorme no estúdio. Nas músicas que Nico cantou havia uma atmosfera muito delicada, diferente, do tipo "vamos ver o que conseguimos fazer para dar tudo certo". E, na terceira, a linha era algo como um trabalhador braçal, tentando recriar o que havia sido feito na noite anterior, no show ao vivo.[62]

E quanto à perspectiva do ouvinte? Como seria ouvir o Velvet Underground como seus contemporâneos ouviam, em um clube noturno (ou através das paredes do escritório)? Para o futuro produtor Dolph, o efeito de ver a banda tocar pela pri-

---

[62] Harvard, *Dolph*, p. 10.

meira vez foi imediato e visceral. Ele recorda as palavras de outro artista inovador:

> Existe uma frase de Baudelaire que posso somente parafrasear... "Se você deseja criar uma grande arte, primeiro você deve descobrir uma nova emoção." E o Velvet tinha isso! Era como eu me sentia. Aquilo era diferente de tudo o que eu ouvira antes e era absolutamente intenso.[63]

Quando você escuta *The Velvet Underground and Nico* é difícil imaginar as atordoadas reações que dizem que as plateias tiveram ao ouvir essas canções ao vivo; como, por exemplo, esta descrição do primeiro show da banda na Summit High School, em Summit, Nova Jersey:

> "Nada poderia ter preparado os jovens e seus pais, reunidos no auditório, para o que eles estavam prestes a presenciar naquela noite", escreveu Rob Norris, um estudante da Summit, "... uma apresentação que teria chocado qualquer um fora da audiência mais *avant-garde* do Lower East Side..." Conforme se lançaram nos primeiros acordes da cacofônica "Venus in Furs", em um volume mais alto do que o que qualquer um no local já tinha ouvido, eles emanaram uma imagem adequadamente descrita como bizarra e aterrorizante. "Todos foram atingidos pelo ímpeto gritante do som, com uma batida pungente, numa altura que jamais havíamos ouvido", Norris continua. "Por volta de um minuto durante a segunda canção, que o cantor apresentou como "Heroin", a música começou a ficar ainda mais intensa." De acordo com Sterling Morrison, "O murmúrio de surpresa que

---

[63] Harvard, *Dolph*, p. 2.

nos recebeu quando a cortina se abriu se transformou num rugido de descrença quando começamos a tocar "Venus" e evoluiu até um poderoso uivo de ultraje e espanto ao final de "Heroin".[64]

Eu pagaria uma boa quantia em dinheiro para ver qualquer banda que pudesse, hoje, provocar um "poderoso uivo de ultraje e espanto" apenas por tocar suas duas melhores músicas (eles também tocaram uma terceira no show da Summit: "There She Goes Again"). Nem todos acharam a banda tão dissonante e estranha, especialmente em Boston, onde conseguiram que o primeiro álbum fosse tocado na rádio. Dois adolescentes de lá iriam, cada um à sua maneira, reagir de modo particular ao álbum.

Tendo ouvido as canções que Nico cantava (provavelmente o single) em rádios locais, Jonathan Richman ficou muito feliz quando seu amigo Jay Bovis apareceu com uma cópia do *The Velvet Underground and Nico* e perguntou a ele se queria trocar por algo. Jay colocou o disco para tocar na vitrola e, antes que pudesse ouvir poucos compassos de "Heroin", Jonathan sabia que essa era a "sua" música: "Eu soube imediatamente que essas pessoas me entenderiam." Um acordo foi logo realizado e Jay se tornou o orgulhoso proprietário de uma cópia do primeiro álbum do Fugs, que pertencia a Jonathan. Animado pela descoberta de sua tribo perdida, Richman estava curioso em saber o motivo pelo qual seu amigo se desfaria daquele tesouro. Jay respondeu: "Ah, é igual a qualquer outra coisa!" O que eles estavam colocando na água em Natick, Massachusetts, para criar adolescentes com gosto tão refinado, eu realmente nunca saberei. Também é interessante perceber que a transação que ajudou a guiar Richman em direção à sua herança como parte

---

[64] Bockris, *Transformer*, pp. 100-01.

da mística do Velvet — o olhar adolescente reproduzindo o estilo do Velvet no primeiro disco do Modern Lovers — envolvia apenas as duas únicas genuínas bandas do Lower East Side na época: o Velvet e o Fugs.

Lendo ou tocando rock?

Sterling fala definitivamente sobre a imagem do Velvet como uma banda supercerebral, com uma "mensagem", em uma entrevista em 1980:

> Veja a *Rolling Stone* mais recente. Está acontecendo com Elvis Costello: "Você está curtindo Elvis Costello, mas você já parou para ouvir as letras?" Bem, não, eu nunca sentei e escutei as letras porque rock'n'roll não é música para prestar atenção às letras! Como é que o celebrado Velvet Underground não publicou um livro com suas letras? Seria para a gente se esforçar e prestar atenção nas partes das letras que nunca consegue ouvir? Não. É porque eles estavam dizendo "Vá se foder. Se você quer escutar as letras, então leia o *New York Times*."[65]

Nossa! Essa não é exatamente a opinião que se espera de um companheiro da celebrada banda de Lou Reed! Mesmo no auge de sua arte "rock chic", a banda se dividia entre engrandecer as canções via conteúdo lírico e mandar bala no rock. Sterling Morrison claramente mostra de que lado do debate está:

---
[65] Modern, p. 1.

P: Bem, "Sister Ray" ainda parece uma canção bastante perversa para mim...

R: É uma boa canção para cantar e dançar junto! Eu suponho que ninguém consiga ouvir a letra — fiz o meu melhor para abafá-la![66]

Toda essa questão sobre letra *versus* o poder do rock é importante no que diz respeito ao Velvet; tão importante que faz com que eu tenha uma breve discussão comigo mesmo sobre o assunto.

JOE HARVARD: Bem, Sterling talvez pense que a letra não deveria ser central nas canções, mas, por outro lado, é preciso ter em mente que a crise final entre Lou e Sterling surgiu justamente dessa embate.

EU: Você quer dizer, o agora famoso "closet mix", como é conhecido...

JOE HARVARD: Isso! Lou remixou o terceiro álbum do Velvet, numa tentativa explícita de tornar as canções mais inteligíveis.

EU: Sim, ele aumentou o volume dos vocais e de SUAS PRÓPRIAS partes de guitarra. Não é de se admirar que Sterling tenha dito "até mais". Lembra do estúdio caseiro do Sex Execs... antes de vocês criarem o Fort Apache? Eles costumavam chamá-lo de "Estúdios 'Mixe a mim para cima e Mixe você para baixo'!" Talvez houvesse um pouco de ego funcionando ali, hein, Joe?

JOE HARVARD: Esse foi um comentário muito cínico...

EU: Ou realista. Lembro que Reed causou outro rompimento irretratável com um guitarrista quando fez o mesmo lance de remixagem com Robert Quine, destruindo suas partes de gui-

---

[66] Modern, p. 2.

tarra em *Legendary Hearts*. Quine viu aquilo como um gesto proposital, como uma reação negativa à atenção que ele vinha conseguindo desde seu disco anterior, *The Blue Mask*. Reed odeia compartilhar o crédito.

JOE HARVARD: Mas isso não quer dizer que ele não se comprometa com a importância central da letra! Veja, se você aceitar a teoria do compositor de que uma boa canção consegue se sustentar somente com voz e violão, é possível argumentar que Reed estava apenas tentando enfatizar a parte central das canções.

EU: Certo. Mas toda essa história de cantor-compositor não está se aproximando demais do cantor folk? Uma coisa que o Velvet sempre lutou contra, desde o início? E por que ter uma banda incrível, tocando passagens extraordinárias, se você destruir tudo isso durante a mixagem?

JOE HARVARD: É, você pode estar certo.

Caso eu esteja certo ou mesmo que outro eu esteja certo, e independentemente das motivações de Reed e de Sterling, canções como "Sunday Morning", "All Tomorrow's Parties", "Femme Fatale" e "I'll Be Your Mirror" são magníficas, belas e leves para os ouvidos do novo milênio; mesmo levando em conta a escuridão lírica escondida por trás de sua selva. Agora que alguns dos aspectos mais escandalosos de suas letras caíram na consciência coletiva, "Heroin", "There She Goes Again" e "Waiting for the Man" balançam mais do que chocam. O mesmo processo torna "Venus in Furs" mais fácil de ouvir, por conta da magistralmente poderosa canção que sempre foi. O fato de essas canções terem perdido muito de sua habilidade de chocar é um tributo à influência que o Velvet exerceu sobre a música de massas, e isso não quer dizer que a banda tenha perdido seu poder de surpreender. Para os não iniciados a composição do Velvet é sempre uma surpresa, e, para aqueles que redescobrem as canções, é surpreendente que, mais de três décadas depois, o material ainda soe completamente contemporâneo. "Run, run, run" parece uma clássica "música de estrada" de Chuck Berry, mas poderia ter sido escrita hoje de manhã. De todas as canções, quando escutamos o álbum hoje, somente "The Black Angel's Death Song" e "European Son" fornecem uma pista do choque que o Velvet causou no mundo da música em suas apresentações entre 1965-70.

As Ludlow Demos

Em 1965, o Velvet gravou uma demo no apartamento de John Cale, na Ludlow Street, para dar a John algum material para as viagens que ele faria à Inglaterra com o intuito de promover a banda. Angus MacLise ainda fazia parte do grupo, mas estava ausente durante este dia de gravações. Cale supervisionou o processo de gravação em um gravador Wollensack. Com um total de 80 minutos, essas Ludlow Demos revelam algumas das canções do primeiro álbum em seus estágios iniciais de desenvolvimento, período em que a banda ainda estava procurando a interpretação mais poderosa e o melhor arranjo para cada uma delas. Incluídas no primeiro disco da caixa *Peel Slowly and See*, as seis canções gravadas incluem quatro das que comporiam o *The Velvet Underground and Nico* e apresentam uma atraente reflexão sobre as intenções da banda e a sua metodologia.

As fitas ilustram um processo de evolução profissional. O processo era simples: trabalhar as canções, depois retrabalhá-las até que os arranjos e texturas se tornassem os mais poderosos possíveis para aquela história lírica. Se, como Cale veio a acreditar nas primeiras semanas de sua amizade, a escrita de Reed era semelhante ao Método de atuação na canção,[67] então as Ludlow Demos são o pano de fundo narrativo para se criar um personagem verossímil. As diferenças entre as versões demos dessas canções e as versões que foram lançadas depois ressaltam o peso do esforço conjunto para o sucesso dos arranjos. Chamando as demos de "a gravação mais mistificadora de todos os tempos", o especialista em Velvet Sal Mercuri comenta:

> Elas oferecem um olhar espantoso sobre o Velvet Underground antes de sua exposição a Andy Warhol e seu mundo, antes da tempestuosa batida de Moe, antes da eletricidade. Os desempenhos são crus, um pouco experimentais — apesar de nem um pouco autoconscientes — e silenciosos. É como se, ao serem lançados no mundo de Warhol, fossem liberados e tivessem a permissão de tocar mais alto, mais sujo e mais forte.[68]

O preço da ausência de fama

JOHN CALE: Acho hilário quando me lembro do primeiro álbum. Acreditar que a gente conseguiu terminar aquilo...[69]

Existem alguns aspectos gerais da criação desse álbum que podemos, com certeza, situar como fatos. Todavia, detalhes

---

[67] Bockris, *Transformer*, p. 84.
[68] Mercuri, *Peel*.
[69] Flanagan, p. 3.

precisos mudam de acordo com a narrativa de cada indivíduo — e a cada vez que contam a história —, a ponto de "preciso" não ser um termo aplicável quando se discute a gênese do *The Velvet Underground and Nico*. Entrevistas que procuram por respostas simples como quem pagou pelo álbum e quanto ele custou — e até mesmo os estúdios utilizados e quanto tempo foi gasto — são contraditórias. Muitos anos se passaram até que alguém ficasse interessado o suficiente na história do Velvet a ponto de procurar detalhes mais exatos sobre esse período caótico; e, naturalmente, as lembranças se tornam mais vagas com o passar dos anos.

Em um dos depoimentos tipicamente imprecisos entre as citações (ou incorreções) de *Please Kill Me*, Paul Morrissey afirma que todo o disco foi gravado em Los Angeles em dois dias, pela quantia de 3 mil dólares.[70] O biógrafo Victor Bockris não cita fontes, mas afirma que, em Nova York, "o estúdio de gravação foi alugado por dois mil e quinhentos dólares durante três noites, tempo suficiente para gravar o álbum inteiro". Uma das versões atribuídas a Cale relata um Warhol pagando pelas sessões em Los Angeles, no Cameo-Parkway Studios, enquanto o restante havia sido "pago por um homem de negócios que contribuiu com mil e quinhentos dólares".[71] Outra afirmação atribuída a Cale os localiza em Cameo-Parkway, em Nova York![72] O homem de negócios em questão é, sem dúvida, Norman Dolph, que me disse que achava que seu investimento se aproximava dos seiscentos dólares, mas que poderia ter sido um pouco mais. Talvez Cale simplesmente não estivesse se esforçando o

---

[70] McNeil, p. 17.
[71] Fricke, *Peel*, p. 27.
[72] Bockris, *Transformer*, p. 127.

suficiente para lembrar dos detalhes. Examinando as datas conflituosas, a extensão e as locações para a gravação do álbum, surgem muitas discrepâncias.

Com um exame cuidadoso, as versões eventualmente chegam a uma mesma história: o agente pagou por dez canções gravadas na Scepter, em Nova York, e pela regravação de três delas em Los Angeles — por tudo, exceto a terceira e última sessão, que adicionou "Sunday Morning" ao LP. David Fricke (uma fonte confiável, se é que existe alguma) afirma que aos setecentos dólares pagos por Warhol (o que tinha sobrardo dos lucros do *EPI* no Dom) foram somados oitocentos de Norman Dolph para pagar as sessões na Scepter.[73] Isso corresponde a mil e quinhentos dólares pelas gravações originais em Nova York, deixando outros mil e quinhentos para as sessões em Los Angeles/Tom Wilson, caso o total de três mil de Morrissey esteja correto. Mesmo que não seja exato, o número soa convincentemente próximo. Paul Morrissey afirma que a MGM pagou pela sessão final de "Sunday Morning", em Nova York.

O Velvet custou barato para os três mil de Morrissey. Na época o custo médio de um LP em estúdio era de cinco mil dólares, e seus companheiros de selo, The Mothers of Invention, tinham acabado de gastar vinte e um mil dólares do dinheiro da MGM/Verve com seu primeiro LP, o álbum duplo *Freak Out!*.[74] Considere que no mesmo ano Brian Wilson gastou dezesseis mil dólares e demorou seis meses para completar apenas uma canção,[75] e você começará a ver a verdadeira proporção do feito que o Velvet realizou em seu primeiro álbum. Um último dado

---

[73] Fricke, *Peel*, p. 27.
[74] Ward, p. 337.
[75] Ward, p. 339.

financeiro interessante: perguntei a Norman Dolph se ele chegou a conseguir alguma coisa com esse investimento:

> Meu único pagamento foi um quadro de Warhol, uma bela pintura, realmente. Infelizmente vendi-a por volta de 1975, quando passava por um processo de divórcio, por dezessete mil dólares. Lembro-me de ter pensado: "Nossa, aposto que Lou Reed ainda não ganhou dezessete mil com este álbum." Se eu a tivesse hoje, valeria em torno de dois milhões.

Locação, locação, locação

As primeiras gravações do álbum foram realizadas nos estúdios da Scepter Records, em Manhattan. A Scepter foi fundada como selo independente pela dona de casa Florence Greenberg — que ficava entediada em casa enquanto os filhos estavam na escola — e seu catálogo incluía as Shirelles, Dionne Warwick (com um jovem arranjador chamado Burt Bacharach), os Isley Brothers e o single do Kingsmen, "Louie Louie". Em 1965, ela havia acumulado sucessos com seu selo e aberto novos escritórios, além de um depósito e seu próprio estúdio, no 254 W. 54th Street — um prédio que um dia abrigaria o Studio 54. Como a Scepter era um de seus investimentos, Norman Dolph fazia visitas frequentes lá, descrevendo-o para mim como "tudo o que você esperaria de um estúdio indie em 1966: técnicos de som, músicos e DJs para lá e para cá... um local que não era sofisticado, com equipamento básico, localizado no décimo andar, com um enorme estúdio e uma pequena sala de controle, típicos da época".

A história do local, responsável pela gravação de antigos discos de rock'n'roll, deve ter agradado em particular a Reed, cuja coleção de raros e obscuros compactos de 45 rotações de doo-wop e rock era uma de suas preciosidades. O local tinha visto dias melhores, mas, infelizmente, quando o grupo chegou encontrou-o "algo entre a reconstrução e a demolição... as paredes caíam, havia buracos pelo chão e ferramentas de carpintaria por todo o lugar".[76] Essas primeiras gravações em Nova York produziram uma master que Dolph enviou à Columbia, mas que recebeu de volta com uma carta de rejeição do departamento de artistas e repertório. A gravação foi então para toda parte, até que a banda fez um acordo com Tom Wilson, da Columbia: uma vez que ele deixasse a gravadora e fosse para a MGM, assinaria com o Velvet pelo selo subsidiário MGM/Verve. (Não é certo que essa ligação com a Columbia tenha algo a ver com a oferta de Dolph.)

A segunda sessão de gravação de *The Velvet Underground and Nico* foi realizada em Los Angeles, supostamente durante uma calmaria na desastrosa visita da banda em 1966. O problema que tenho com esse cenário são as datas.

No outono de 2003, Norman Dolph foi contatado sobre um disco que havia sido adquirido no mercado de pulgas do Lower East Side. Valendo-se da marca-d'água, Dolph identificou-o como uma das — talvez a única — cópias das mixagens da Scepter, uma master que foi finalizada e enviada para a Columbia. A master levava a data de 25 de abril, uma segunda. Dolph considera que as sessões de gravação na Scepter tenham ocorrido na semana de 18 a 23 de abril, já que ele teria preparado o acetato logo depois de as canções serem mixadas. Também acredita que as engrenagens do departamento de artistas e repertório não se movimentariam tão rapidamente a ponto de

---

[76] Fricke, *Peel*, p. 27.

enviarem uma resposta, juntamente com o retorno do acetato, em um intervalo inferior a uma semana (ele ainda possui a carta de rejeição em algum lugar em seu porão). Dolph imagina que tenha dado o acetato para Andy ou para algum membro da banda — talvez tenha sido levado junto com a coleção de discos de Lou, que teve seu apartamento roubado naquela época —,[77] e então andou por aí, durante 35 anos, sem que ninguém soubesse até que reapareceu debaixo do nariz de um colecionador de discos canadense extremamente sortudo, em 2003, em Nova York.

No entanto, a master recém-redescoberta sobreviveu, indicando a data acima. Como poderia haver tempo de entregá-la para a Columbia, esperar sua recusa, mostrar o álbum para outros selos, encontrar Tom Wilson e assinar com a MGM/Verve, tudo isso em menos de uma semana, entre o dia 25 de abril e o começo de maio, quando o Velvet partiu para a Califórnia? Wilson ainda estava na Columbia um pouco antes de trabalhar com o Velvet, apesar de Richie Unterberger afirmar que ele partiu no final de 1965. Talvez ele tenha conseguido, de algum modo, uma dica interna de que estavam rejeitando a banda; ou, caso Unterberger tenha confundido as datas, talvez Wilson — sabendo que iria para a Verve em breve — tenha arrematado o grupo imediatamente. Talvez. Mas para mim soa muito esquisita a versão oficial de que as gravações com Wilson tenham ocorrido durante a primeira excursão da banda a Los Angeles; imagino que talvez tenha existido uma segunda viagem para Los Angeles depois da confusão que foi a primeira. Na época da publicação deste livro, Dolph estava tentando reconstruir a "cadeia de custódia" de fitas e acetatos de 1966. Com sorte ele poderá esclarecer a confusão de uma

---

[77] Bockris, *Transformer*, p. 124.

vez por todas... e possivelmente descobrir se as fitas masters das quatro faixas originais ainda existem.

Uma vez que assinaram com a MGM, de acordo com David Fricke, Tom Wilson agendou a banda para o TTG Studios durante dois dias, para refazer três canções: "Venus in Furs", "Heroin" e "I'm Waiting for the Man" (apenas John Cale inclui "All Tomorrow's Parties" na lista).[78] Após ouvir todas as gravações combinadas, Wilson decidiu que a banda precisaria de uma canção mais forte e comercial, logo trouxe o grupo de volta a Nova York, para gravar o potencial single, "Sunday Morning".

Perdendo o controle do tempo [ou vice-versa]

A afirmação de Paul Morrissey em *Please Kill Me*, sobre o disco ter ficado pronto em duas noites, contradiz seu próprio depoimento em *Uptight*, no qual afirma que tudo ocorreu em três ou quatro noites. As gravações em Nova York ocorreram durante um dia, segundo Reed e Tucker, durante dois dias, segundo Cale e em oito horas, segundo Morrissey (em uma terceira entrevista). Reed afirmou que "o primeiro álbum(...) foi finalizado em três horas", mas quando perguntei a Jonathan Richman, ele definitivamente lembrou-se de Lou Reed dizendo que o trabalho realizado havia acontecido em um dia normal, numa sessão de 9 às 17h.[79]

Isso era uma espécie de enigma dentro de um quebra-cabeça fechado a sete chaves. Eu estava grato de poder pedir

---

[78] Bockris, *Uptight*, pp.115-116.
[79] Bockris, *Transformer*, p. 129.

a Norman Dolph, que foi quem reservou os horários de estúdio, para esclarecer a confusão:

> Licata nos conseguiu quatro dias, para que tivéssemos tempo suficiente. As gravações ocorreram nos dois primeiros dias, no terceiro ouvimos o que tínhamos feito e no quarto mixamos. Não foram quatro dias inteiros, de jeito nenhum, foram algumas sessões de gravação. Não acredito que chegamos a usar dezesseis horas, no total, e provavelmente foram dez as que realmente gravamos.

Isso bate com as "oito horas pagas" de Morrissey em Nova York e indica que nem Reed nem Morrissey contavam com as datas de Los Angeles, tampouco com a gravação de "Sunday Morning" em Nova York.

É ao vivo...?

Nos dias de gravação multicanal é muito raro — com exceção do jazz ou da música clássica — qualquer música ser tocada "ao vivo" em estúdio. A maior parte das gravações de rock começa com um ensaio ao vivo, e depois é mais comum que as partes, os vocais, guitarras, teclados e até mesmo o baixo (tudo menos a bateria) sejam gravados uma de cada vez, enquanto o artista e o produtor procuram pelo som e desempenho ideais. Em outras palavras, a maior parte dos discos de pop/rock gravados nos últimos 25 anos foi produzida assim: uma bateria ao vivo combinada com vocais e demais instrumentos gravados, depois dela, separadamente. Fugindo da norma como era praticada até o final dos anos 1950, álbuns gravados em apresentações ao vivo em estúdio parecem agora muito impressionantes.

Lou Reed disse que este álbum foi gravado todo ao vivo, e isso se tornou parte do folclore e da lenda do rock, de que se trata de um LP "ao vivo em estúdio". Mas será que ele realmente o é?

Será que as canções de Nova York do Velvet se beneficiaram de overdubs? E quantos canais foram utilizados para gravá-las? A resposta para a primeira questão pode ser encontrada na lata que guardava as fitas master do disco, reproduzida como capa de um CD da caixa Peel Slowly and See, uma grande ideia visual e fortuita para ouvintes curiosos. As várias notas e instruções técnicas escritas por engenheiros e técnicos de masterização, que trabalharam com as fitas ao longo dos anos, incluem o comentário (em ambos os lados do LP): "Barulho e Distorção — Muitos overdubs."

A invenção de Les Paul, a gravação multicanal, foi uma bênção para os músicos. Significava que uma faixa poderia ser gravada, depois a fita era rebobinada, e a primeira parte era tocada enquanto a outra era adicionada à mesma fita. As partes eram sincronizadas uma com a outra, e, para um ouvinte, parecia que as partes haviam sido tocadas juntas, simultaneamente. O número de partes que você poderia adicionar dependia de quantas subdivisões — conhecidas como "canais" — o gravador tinha. Qualquer adição de uma nova parte após o primeiro take (que geralmente envolvia a banda inteira tocando junta) é conhecida como "overdub".

O método anterior ao "overdubbing", conhecido como "bouncing", necessitava que uma parte fosse gravada em uma máquina e, então, quando era tocada novamente passava por uma segunda máquina, com uma nova parte sendo tocada ao vivo. Ao contrário dos multicanais, cada "bounce" (leia-se: parte adicionada) acrescenta uma espécie de barulho no fundo, que os engenheiros chamam de "ruído". Muitas partes sobrepostas dessa maneira podem sobrecarregar a fita, causando distorção. Esse é um dos motivos pelos quais os engenheiros ainda cultivam grande reverência por George Martin, considerando o número de faixas que ele sobrepôs em *Sgt. Pepper's* (por vezes doze ou mais), enquanto, miraculosamente, evitava o barulho discernível, mesmo usando o velho método.

Dolph se lembra de um gravador Ampex de 4 canais sendo utilizado em Nova York, contudo sem se valer de muitos overdubs ou de qualquer bounce; eles "provavelmente colocaram tudo em três canais e deixaram um aberto... com bateria em um, guitarras em outro, cobrindo três canais, deixando o quarto para ser usado quando necessário". As fotos de Nat Finkelstein usadas no encarte de *Peel Slowly and See* claramente mostram uma máquina de quatro canais nos fundos, no TTG Studios, em Los Angeles.[80] O ritmo relativamente preguiçoso dessas sessões — dois dias para gravar três canções — teria deixado bastante tempo para adicionar partes extras, mas a experiência de Tom Wilson (além da máquina de quatro canais, que permitia overdubs sem ruído) deveria ter produzido faixas sem mácula. Então de onde teriam vindo o "ruído" e a "distorção" dos excessivos overdubs? Isso significa que as barulhentas pegadas sônicas não eram do multitracking (que poderia ser feito ao vivo), e sim das faixas de bounce usadas para alcançar os overdubs; logo, pelo menos uma canção se valeu de bounce, bem como dos multicanais. Podemos nunca ficar sabendo, mas a afirmação de Reed sobre o álbum ser finalizado ao vivo em três (ou oito) horas é desdita pelas evidências técnicas. Isso não significa nada, não estou tentando

---

[80] Fricke, *Peel*, p. 20.

tornar isso uma grande conspiração, mas realmente não parece se tratar de um álbum "ao vivo em estúdio".

Outra evidência, menos técnica, contradiz a tese da gravação ao vivo. Em várias canções o mesmo integrante da banda aparece pelo menos duas vezes. O vocal duplicado de Nico no single de "All Tomorrow's Parties" mostra que eles não tinham nada contra o overdubbing. E na história de Sterling Morrison, sobre as várias tentativas de Nico cantar "I'll Be Your Mirror" (veja adiante), ela está claramente se valendo do overdub para fazer os vocais de apoio. Norman Dolph recorda: "O overdubbing foi mínimo, apesar de que, caso eu me esforce, consiga lembrar de estar em um lado do vidro e, do outro lado, Nico, sozinha, finalizando um vocal."[81]

Em "All Tomorrow's Parties", além dos dois canais de voz, existe uma faixa de piano e outra de baixo, e uma de baixo e uma de celesta em "Sunday Morning"; bem como uma de viola em outras canções. Ao vivo, Sterling Morrison (assim como Cale) também duplicou um baixo, e ele é creditado pelo baixo no álbum, logo poderia estar tocando nessas. Dolph acredita que eles usaram a mesma formação que usavam ao vivo:

> Acho que Sterling tocou baixo na ocasião, ao menos uma vez. Não sei por que isso ficou na minha mente. Lembro-me de quem tocava a viola em "Venus in Furs"... minha impressão, conforme fecho os olhos e recordo... o que estou vendo através do vidro, e ouvindo nas caixas de som, é o mesmo som que ouvi na noite anterior [na Dom], quando estavam todos lá. E Cale estava tocando viola, logo, outra pessoa tocava baixo no estúdio àquela altura.

---

[81] Harvard, *Dolph*, p. 3.

Mas como, além do overdubbing, podemos explicar a habilidade de Cale de tocar viola e órgão ao mesmo tempo em "Heroin"? Em "I'm Waiting for The Man", além disso, havia duas guitarras, um baixo e um piano, logo, ou Lou ou John ou Sterling tiveram que tocar um segundo instrumento nessa canção.

Ao considerarmos o calibre do álbum ou de seus músicos, o fato de a banda adicionar alguns overdubs, ou de duplicar os vocais, realmente não importa. É verdade que sua técnica não era tão transparente quanto a magia de George Martin nos estúdios da Abbey Road. Contudo, é preciso ter em mente que o resultado do trabalho de Martin foi o *Sgt. Pepper's*, um disco cujo produto final deve mais à genialidade da produção após as gravações do que a sua apresentação ao vivo. Os Beatles não tocaram praticamente nada juntos em *Sgt. Pepper's*, utilizando, provavelmente, os recursos técnicos mais avançados da época, ao passo que os integrantes do Velvet tocaram a maior parte de seu disco juntos, enquanto os produtores amadores, Dolph e Warhol, conseguiam capturar, na hora, aqueles sons sem precedentes. Espontaneidade e uma boa performance ao vivo são preferíveis a uma técnica de gravação sem falhas — ainda que seja maravilhoso alcançar os dois — e *The Velvet Underground and Nico* certamente se garante nesses aspectos. Nem Reed nem qualquer outro precisam exagerar para destacar o brilho de seu feito.

2. As canções

Sunday Morning

"Sunday Morning" talvez seja a raiz da árvore genealógica de canções como "Every Breathe You Take" e "Satellite of Love", cujas melodias belas e calmas mascaram sua verdadeira escuridão temática. Sting e Lou Reed admitiram que suas texturas gentis e reconfortantes mascaram a terrível expressão de uma emoção — ciúme obsessivo — tão poderosa que evoca a vigilância em tempo integral do amante. Quanto a "Sunday Morning", a música traz à mente um domingo quieto e sonolento de modo tão perfeito que é possível escutar a canção várias vezes antes que se perceba verdadeiramente o seu tema: paranoia e deslocamento.

A música surgiu não muito depois do amanhecer, com Cale e Reed sentados diante de um piano, no apartamento de um amigo. Escrita de fato em um domingo de manhã, a canção tomou forma por volta das seis horas, depois de uma noitada em Manhattan. Contudo, sua atmosfera relaxada não muda o fato de que "Sunday Morning" foi escrita sob demanda: a banda precisava da canção para completar *The Velvet Underground and Nico*. O produtor Tom Wilson, depois de ouvir as fitas das duas primeiras sessões, decidira que faltava no álbum um single.

Wilson pediu a Reed que escrevesse um especialmente para a voz de Nico, que ele achava mais marcante que a de Lou. Nesse sentido ele não estava só: foi a falta de fé de Paul Morrissey em relação à habilidade de Reed como vocalista que permitiu a entrada de Nico na banda. É impressionante que hoje, de cabeça, eu possa nomear meia dúzia de cantores incríveis que claramente surgiram na esteira do estilo de Reed, e não recordo de ninguém que pareça ter sido profundamente influenciado por Nico. Seja como for, Reed concordou em providenciar uma canção para a voz de Nico e que pudesse ser o single, e assim uma sessão foi marcada para gravá-la.

Quando Andy Warhol ouviu uma primeira versão da canção, sugeriu a Reed que a transformasse numa música sobre paranoia, o que fez com que o músico adicionasse o verso "Watch out, the world's behind you" [Cuidado, o mundo está atrás de você]. Reed deu o nome a essa sensação de que alguém está sempre nos observando de "afirmação paranoica definitiva na qual o mundo ainda se dá o trabalho de nos observar".[82]

Reed, fiel à sua discreta postura maquiavélica, aguardou que a banda chegasse ao estúdio para finalmente revelar que ele, e não Nico, cantaria a nova canção. Ele foi irredutível, justificando assim: "Quero cantá-la pois se trata do single." Paul Morrissey, representando a equipe de agentes, não ficou satisfeito: "Tive uma briga com ele. Eu disse: 'Mas Nico a canta no palco.' E ele respondeu: 'Bem, a canção é minha', como se fosse sua família. Ele era tão mesquinho... aquele verme... Tom Wilson não conseguia lidar com Lou, apenas aceitou a situação." Victor Bockris completa: "Lou começou então a cantar com uma voz de uma qualidade tão feminina

---

[82] Bockris, *Transformer*, p. 135.

que, assim que ouvia, você parava, imaginando quem diabos estava cantando."[83]

O desempenho vocal de Lou foi intensificado pela cadência calma da canção, pelo seu tom de cantiga de ninar e pelo tilintar da celesta, um pequeno xilofone, geralmente usado por bandas marciais, que estava por acaso no estúdio. Seu tranquilizante timbre de sino se encaixa tão perfeitamente que é possível pensar que se tratava de algo fundamental na concepção da canção, mas Cale, sempre inovador, adicionou o instrumento à gravação no calor do momento, depois de notá-lo em um canto.

I'm Waiting for the Man

Escrita na mesma época de "Heroin", "I'm Waiting for the Man" é uma obra-prima da habilidade de Reed para reportagem. A composição estava pronta por volta de 1965, no auge das experiências do cantor com opiáceos (antes de ele se dedicar a mais de uma década de uso descontrolado de anfetaminas). Essa canção foi realmente escrita nas trincheiras. Reed estava no auge de sua força, ainda livre da decisão consciente — que ele admitiu ter tomado depois do primeiro álbum — de "dar um pequeno empurrão naquela direção, um pouco de 'teatro de rua'". Percebe-se que o cantor não está tentando chocar *per se*, e sim apresentando um retrato dos acontecimentos da época da maneira mais precisa possível, fosse chocante ou não. O evento em questão é uma viagem para "Up to Lexington, 1-2-5", na esquina da Avenida Lexington com a rua 125, no Harlem, na época em que a maior parte da heroína permanecia para além da fronteira da cor da pele, nos subúrbios.

---

[83] Bockris, *Transformer*, p. 135.

"I'm Waiting for the Man" foi uma das canções do Velvet que mais sofreu mudanças drásticas desde a época em que Reed a trouxe para a banda até a versão que aparece no primeiro álbum. A versão Ludlow de "I'm Waiting for the Man" pode ter a mesma letra e o arranjo geral, mas soa como uma canção completamente diferente. David Fricke a descreve como "um pedaço cru de um country blues eletrificado — a combinação do vocal ácido de Reed com o movimento blueseiro das guitarras evoca um Hank Williams tentando se dar bem na esquina da rua 125 com a Lexington — até que, em um dos últimos takes, Cale explode numa viola que guincha, um som que lembra um vagão de metrô ativando o freio de emergência".[84]

Esse guincho de viola é a única pista para o incansável ritmo de britadeira que caracteriza a versão final da música.

Reed, como a maior parte das pessoas de sua geração que possuía um violão, ficou intrigado com Bob Dylan enquanto cursava a faculdade. Outra canção das Ludlow, "Prominent Men", que nunca chegou a uma versão final para o Velvet, revela um estilo e uma performance tão dylanescos que pode, convincentemente, se passar por algum *outtake* de Bob. O desempenho em "I'm Waiting for the Man" não é tão inspirado em Dylan quanto em suas influências: Woody Guthrie, Big Bill Broonzy, talvez um pouco de Leadbelly. Há até mesmo uma parte de slide tocada com um gargalo de garrafa, dando a essa versão uma vibração que quase a permitiria se encaixar em *Sticky Fingers* ou *Exile on Main Street*, ou talvez em algum álbum de J.J. Cale. Há também certo sabor de honky-tonk nas mudanças de acorde, que evoca John Sebastian ou Jonathan Edwards numa busca incansável por uma dose: "*Slouch around the shanty, Momma,*

---

[84] Fricke, *Peel*, p.14.

and get a good nod on" [Dê uma volta pelo barraco, mamãe, e tire um bom cochilo].

Esse tipo de objetividade no modo de observar, o fato de ver "com os olhos de uma criança", talvez seja o que Reed começou a perder depois de *The Velvet Underground and Nico*, substituindo-o pelas provocativas vinhetas de *White Light, White Heat*, um álbum de uma espontaneidade tão vulcânica e barulhenta que torna as letras quase indecifráveis. Com a partida de Cale, boa parte da inovação estilística do Velvet foi substituída por profissionalismo (ainda que o profissionalismo de um brilhante mestre artesão). Esta transformação estava completa à época do LP *Loaded*. Foi desses antigos elementos que os críticos sentiram falta nos primeiros álbuns solo de Reed. O cantor readquiriu sua clareza de repertório inicial, além de uma sagacidade decisiva, quando começou a escrever as canções para o álbum *New York*, de 1988. De toda maneira, "I'm Waiting for the Man" revela Reed em seu ápice estético, e a banda em um período especialmente criativo e comprometido com seu desenvolvimento.

Femme Fatale

Uma das baladas mais bem-concebidas do Velvet Underground, "Femme Fatale" foi um produto do papel de Reed como uma espécie de antropólogo da Factory. A canção trata da Factory Girl de 1966. "Andy disse que eu deveria escrever uma canção sobre Edie Sedgwick. Eu disse: 'Como assim?' E ele disse: 'Ah, você não acha que ela é uma femme fatale, Lou?' Então eu escrevi 'Femme Fatale' e demos a canção para Nico."[85]

---

[85] Bockris, *Transformer*, p. 107.

Deixar que Nico cantasse "Femme Fatale" foi um movimento perfeito. Sua voz trouxe uma sofisticação europeia à canção, que casava com seu tema, enquanto o uso de acordes maiores com sétima por parte de Reed deram um sabor cosmopolita à composição, o que era totalmente apropriado a Edie e às outras ingênuas, ricas ou não, que orbitavam a Factory. "Femme Fatale" soa como "Garota de Ipanema" transportada para Manhattan, com a diferença de que, no lugar do voyeurismo da última, a obra-prima de Reed conta uma história de narcisismo. É fácil imaginar a mulher em questão, discretamente olhando para os lados, para ver seu próprio reflexo enquanto continua seu caminho, partindo corações.

Sterling Morrison contou uma divertida história sobre o desagrado de Nico com a pronúncia incorreta do título quando ele e Lou cantavam os *backing vocals* durante o refrão:

"Femme Fatale" — ela sempre odiou isso [voz nasal]. Nico, cuja língua nativa era minoritariamente o francês, dizia: "O nome desta canção é 'Fahm Fahtahl.'" Lou e eu a cantávamos do nosso jeito. Nico odiava isso. Eu dizia "Ei, Nico, é o meu título, eu o pronuncio do jeito que quiser".[86]

Apesar das objeções e correções de Nico, Morrison sempre cantaria "fem fay-tal". Este "meu título" em seu comentário implica um papel mais importante durante a criação da música, mais do que o que é sabido, mas ele falhou em explicar melhor a questão.

Edie Sedgwick teve uma triste história. Ela veio de uma família rica e parecia ter herdado a tendência ao tédio que acompanha esse território. Durante o tempo que passou com Warhol sua carreira de modelo atingiu o auge e ela era a favorita da cena artística da cidade. Possuía uma beleza um tanto endiabrada, parecendo por vezes um menino com seu corte de cabelo an-

---

[86] Modern, p. 4.

drógino, de meados dos anos 1960. Fotos de Edie trajando uma minissaia prateada, com maquiagem e cabelos também prateados, são uma marca da época em que ela brilhou.

O primeiro dos shows multimídia para o qual Warhol escalou o Velvet Underground (protótipo das apresentações do *Exploding Plastic Inevitable*, que seguiriam pelo ano de 1966) foi o *Uptight*, uma retrospectiva dos curtas-metragens que ele vinha realizando com Edie como sua estrela. Andy e Edie haviam sido o casal *ultra-hype* em Nova York no ano anterior. Ela era a rainha incontestável entre as outras superstars da Factory como Ultraviolet e Viva, mas seus dias estavam contados. Na época em que o Velvet Underground se associou a Warhol, o relógio já contava os últimos segundos dos 15 minutos de fama de Edie. Ela dançou no palco junto com o Velvet na Cinematheque e, de acordo com Nico, até mesmo tentou cantar, mas música não era seu forte. Ela nunca mais apareceu no palco com o Velvet Underground e logo deixaria a Factory de vez.

Edie nunca foi realmente capaz de ajustar sua vida longe dos holofotes; após alguns anos caóticos e de mudanças pelo país, ela morreu de overdose, entristecendo a todos, mas sem surpreender a ninguém. Uma "Femme Fatale" mimada, ou mais uma riquinha infeliz cuja persona pública mascarava o desejo por amor verdadeiro? É provável que Edie fosse um pouco das duas. Contudo, sua beleza e sua energia definiram aquela época e aquele lugar como poucas mulheres conseguiriam.

Venus in Furs

Apesar de não ser a primeira canção que Lou Reed escreveu para o grupo, "Venus in Furs" soma um considerável número de "primeiras vezes" na carreira da banda. Foi uma das três canções tocadas no primeiro show; filmada pela CBS, proporcionou a primeira exposição na mídia, como parte de um documentário sobre Piero Heliczer e cinema *underground* em Nova York; foi a primeira canção que Gerard Malanga dançou na noite em que Warhol inicialmente encontrou a banda no Café Bizarre. Além disso, Victor Bockris argumenta que "Venus in Furs" foi o primeiro "sucesso da banda em termos de arranjo", e escreveu em *Transformer*:

> Quando Cale adicionou a viola, rangendo contra a guitarra "Ostrich" de Reed, irracionalmente e sem trepidação, um formigamento de antecipação atingiu sua espinha. Ele sabia que tinham encontrado seu som, e que ele era forte... [Cale] recorda-se: '"Foi naquele momento que pensei que havíamos descoberto um estilo realmente original e sórdido."[87]

O produtor Norman Dolph lembra-se:

> Eu tenho a impressão de que 'Venus in Furs' é exatamente o que eles começaram nas sessões de gravação, e que eles conseguiram os sons que quiseram, e então voltaram e a mixagem, no geral, compreendia em não mexer muito no que haviam conseguido gravar.[88]

Um artigo escrito por Ignacio Julià recorda que "a canção favorita de Sterling Morrison era 'Venus in Furs': Ele costumava dizer que haviam alcançado nesta canção, como em nenhuma outra, o som que sempre almejaram."[89] "Venus in Furs" é uma destilação

---

[87] Bockris, *Transformer*, p. 92.
[88] Harvard, *Dolph*, p. 11.
[89] Julià, Ignacio. "Sterling Morrison: So What's With the Fourth Chord?", originalmente impresso em *Ruta* 66, verão de 2001.

quase literal do romance homônimo do século XIX, escrito por Leopold von Sacher-Masoch. Severino, o escravo, e Wanda, a amante das peles, são dois dos três principais personagens do livro. Até onde percebo, a canção omite Alexis Popadopolis, o oficial de cavalaria grego que Wanda toma como amante, em parte para despertar ciúme em seu escravo. Talvez fosse muito difícil arrumar uma rima para Popadopolis — para além de "Metrópolis". Tratava-se de um perigoso território, até mesmo para um graduado em inglês com um dicionário de rimas e que tomava tanto *speed* que precisava dormir somente uma vez a cada três dias.

Masoch escreveu o romance baseado, em parte, em incidentes de sua vida. Em 1869 ele assinou um contrato com a escritora Fanny Pistor, no qual se comprometia a ser seu escravo durante seis meses. O contrato continha uma cláusula que a obrigava, sempre que possível, a vestir peles enquanto o disciplinava. O cineasta Joel Schlemowitz, que rodou um filme baseado no romance, escreveu:

> A imaginação de Sacher-Masoch era frequentemente tomada por uma vida romantizada, não apenas pelos personagens que escrevia, mas por sua própria vida. Por meio de eventos da vida real, ele criou algo tão imaginativo quanto um romance e, por sua vez, em seu romance ele toma sua vida e a transforma novamente, em um sublime exemplo de como criar um enorme mito romântico a partir da própria vida.[90]

Nestas últimas frases, Schlemowitz poderia estar descrevendo tanto Lou Reed como Sacher-Masoch. "Venus in Furs" é, desse modo, uma canção composta por um autor que

---

[90] Schlemowitz, Joel. "Leopold von Sacher-Masoch". Nova York: Joel Schlemowitz, 1999.

fundamenta a maior parte de seu trabalho em sua própria vida, baseado em um livro que é, por sua vez, inspirado na vida de seu próprio escritor. Em outras palavras, "Venus in Furs" é a arte imitando a arte imitando a vida (ou a vida imitando a arte imitando a vida, depende de como você considera o ato de compor, como "vida" ou como "arte"). Fiquemos gratos pelo fato de Reed não ter assistido ao filme de Schlemowitz e de não ter baseado a canção naquilo, pois, no caso, isso teria sido... Bem, vocês entenderam.

"Venus in Furs" é uma das canções que ajudaram a moldar a duradoura imagem pública dos integrantes da banda como pessoas depravadas, comparável a "Heroin" no que diz respeito a efeitos negativos. Como "Heroin", essa canção também apresenta uma poderosa declaração de intenções por parte da banda. *Feedback*, o rangido e o zunido da viola elétrica, tempos que perseguem a história narrativa e não o contrário, o uso de uma fonte literária e o emprego dos arranjos e das tonalidades completamente a serviço das letras: todos esses elementos eram indicações da direção para onde o Velvet estava determinado a ir.

Diferente de "Heroin", contudo, "Venus in Furs" submeteu-se a uma significante transformação ao longo do ano entre as gravações Ludlow e a versão do álbum de estreia. As múltiplas versões Ludlow se iniciam com um estranho tempo acelerado, mas se acalmam com um arranjo ainda mais estranho, que David Fricke descreve como "um duro lamento de folk inglês antigo". Ele acertou em cheio: parece "Greensleeves", mas com uma história um pouco diferente para contar. "A-las, my luh-ove, you doooo me wrong, to beat my a—ass so merc'lessly" [Ah, meu amor! Você me fez mal, batendo em minha bunda sem qualquer compaixão]. Apesar de a história ter exigido o abandono de sua abordagem pastoral em favor da atmosfera misteriosa e monótona que a banda utilizou em seu álbum, é rara a oportunidade de se escutar o processo de desenvolvimento que acontece com uma grande canção: proprietários de *Peel Slowly and See* ficarão doidos com a voz de trovador medieval de John Cale.

Run, Run, Run

"Run Run Run" foi escrita a caminho de um show no Café Bizarre, quando a banda percebeu que, mesmo com a adição de covers como "Carol", "Bright Lights, Big City" e "Little Queenie", possuíam pouco material. Lou Reed escrevia palavras na parte de trás de um envelope, e no momento em que o carro chegou a seu destino a canção estava pronta. (Essa e uma outra história parecida sobre "Sister Ray", de *White Light, White Heat*, reforçam as lembranças de Sterling Morrison sobre a prodigiosa habilidade de Lou em compor letras.) Talvez o hábito de tocar essas grandes canções todas as noites tenha dado a "Run Run Run" a atmosfera de um rock clássico, ou talvez seja sua firme harmonia. Neste álbum somente "I'm Waiting for the Man" é tão rock'n'roll quanto ela.

A essência da canção é uma ida até Union Square, um dos maiores mercados de drogas do sul de Manhattan dos anos 1960. Os protagonistas são quatro cidadãos do submundo das drogas de Nova York. Cada personagem recebe uma estrofe ou apenas quatro versos, e cada um deles é uma breve vinheta: Teenage Mary, Margarita Passion, Seasick Sarah (o que vai em seu "nariz dourado" não é especificado, mas meu palpite é que se trata de heroína; como sabemos, "ela fica azul", uma referência à escura palidez que se apossa rapidamente da vítima de uma overdose de heroína) e Beardless Harry. Harry é quem está em pior forma do grupo em "Run Run Run", já que "não consegue nem sentir o gosto de uma cidade pequena" — terminologia das ruas para uma pequena quantidade de drogas (tal como deve ser passada adiante em um saco padrão em uma cidade pequena).

Deve ser dito também que "run" [correr] tem algumas conotações na linguagem da droga. Como substantivo, na expressão "on a run", indica alguém engajado com o uso de heroína, aproveitando a invejável posição de ter o dinheiro e uma fonte para continuar entorpecido continuamente — sem a depressão que vem depois. Como verbo, alude mais à frenética busca de dinheiro e/ou de drogas para comprar. Viciados que falam sobre "ripping and running" querem dizer sair para roubar, ser conivente ou se esforçar em qualquer atividade execrável que seja necessária para se dar bem.

O trabalho de um guitarrista é dar suporte à canção. Aqui, a importância de Sterling Morrison para o grupo é evidente, algo difícil de detectar às vezes, por ele fazer seu trabalho assustadoramente bem. Enquanto pesquisava para escrever este livro, comecei a entender quão tranquilo Sterling era, como músico e como pessoa. Minha impressão é a de um centro flutuante, nas canções e nas questões do grupo, em que ele era capaz de influenciar decisões sem participar das discussões; ficando à parte e, ainda assim, participando do processo, emanando energias musicais e políticas e usando riffs e palavras como golpes de aikidô, afetando cada aspecto da música. Sua personalidade, me parece, deve ter sido muito parecida com seu modo de tocar, ao menos como o escuto: uma indispensável cola para tudo seguir em frente. Dolph o chamou de "o pêndulo da banda". Nessa canção você realmente pode ouvir isso.

All Tomorrow's Parties

"All Tomorrow's Parties" foi lançada pela MGM em duas versões: um single (juntamente com "I'll Be Your Mirror") com vocais double-track mais proeminentes e com um mix mais hype voltado para as rádios, e uma versão mais serena, a versão do álbum. Foi uma escolha apropriada como lado "A" de seu primeiro single, já que era — e continuaria sendo — a favorita de Warhol entre as composições do Velvet. O fato não é surpreendente tendo em vista que Lou Reed tirou 100% do material da canção de seu estudo dos frequentadores da roda de Warhol. Reed chama a canção de "uma descrição muito adequada de certas pessoas da Factory da época".[91] Ele ganhou o máximo de milhagem para seu papel de observador direto na Factory, onde tomaria longas notas, escritas a mão, sobre as conversas que ouvia, sobre as peculiaridades de comportamento e sobre a interação dos *habitués* do mundo de Warhol. Ele pode ter sido a única pessoa a virar o feitiço contra o feiticeiro no caso de Warhol, cujo papel era similar: "Eu observava Andy. Observava Andy observando a todos. Escutava as pessoas dizerem as coisas mais impressionantes, as coisas mais loucas, as coisas mais engraçadas, as coisas mais tristes."[92]

David Fricke cita "a imortal visão de abertura, da Cinderela go-go",[93] e há grandeza no modo como Reed invoca imagens nessa canção. De algum modo ele consegue enganar a trivialidade da tarefa que a "pobre garota" enfrenta — escolher sua roupa para outra festa — enquanto, simultaneamente, a

---

[91] Fricke, *Peel*, p. 22.
[92] Bockris, *Transformer*, p. 113.
[93] Fricke, *Peel*, p. 22.

dignifica e aumenta nossa simpatia pela personagem. Também fazem parte disso o arranjo de Cale e a força contida com que Morrison e Tucker aplicam sua arrojada batida. Fricke chama a atenção para a "vibração pneumática",[94] e descreve a abordagem vocal de Nico como "rendição ao estilo Dietrich, em lenta combustão".[95] Essa é a melhor gravação de Nico com o Velvet Underground.

John Cale brilha nessa canção. Encontrar um simples acorde de duas ou três notas que poderia ser usado ciclicamente — repetidas vezes, a despeito da progressão subjacente de acordes da canção — se tornaria a assinatura de seu estilo, e um elemento comum no rock; o próprio Cale se valeria desse recurso em "I Wanna Be Your Dog", dos Stooges. Aqui, as levadas de piano golpeadas atingem a inconfundível aura de novidade e empolgação, e a canção segue majestosamente enquanto o teclado de Cale despedaça o controle da introdução.

Muito depois de a banda ter se separado de Warhol, e depois de tê-lo desapontado despedindo Nico, Andy deu uma cutucada maldosa em Reed. Diante da pergunta de um entrevistador, ele respondeu: "Minha canção favorita de Lou Reed é... ah... 'All Tomorrow's Parties', de Nico. Ela a escreveu, eu acho."[96]

Reed usa a já mencionada afinação Ostrich nessa canção, a mesma que convenceu Cale de que Lou era uma espécie de gênio musical. Caso Cale soubesse que Reed havia "visto esse cara — acho que seu nome era Jerry Vance — afinar o violão de uma maneira que cada corda fosse a mesma"[97] e que "a registrara"

---

[94] Fricke, *Peel*, p. 27.
[95] Fricke, *Peel*, p. 24.
[96] Bockris, *Transformer*, p. 108.
[97] di Perna, Alan. "Transformer...". In: *Guitar World Magazine*. Nova York:

para usar depois, ele possivelmente teria ficado menos impressionado — e talvez a banda não tivesse existido. Diferentemente da afinação aberta em Ré, em que tocar as cordas soltas forma um acorde de Ré, a afinação Ostrich consiste em afinar todas as cordas em Ré (ainda que eu deva ressaltar que Jonathan Richman se recorda bem de Lou mostrando a ele uma afinação em Si). A sussurrante melodia da introdução é tocada nessa afinação e produz intenso estrondo que perdura por toda a canção. Apesar de, sem dúvida, ter se valido de sua própria "técnica de estrondo" inúmeras vezes, é preciso destacar que Reed cita apenas duas de suas canções como frutos da Ostrich: "All Tomorrow's Parties" e "Rock and Roll". E na primeira ela se encaixa perfeitamente.

Cale descreveu como em 1968, logo antes de Reed o expulsar da banda, seus estilos se chocavam: "Eu estava tentando alcançar algo grandioso e Lou lutava contra isso, ele queria belas canções. Então eu disse: 'Vamos torná-las belas canções grandiosas.'"[98] Dois anos antes, suas diferenças haviam produzido canções brilhantes como resultado dessa tensão criativa, e caso já tenha existido uma canção bela e grandiosa, ela é "All Tomorrow's Parties".

Heroin

"Heroin" é geralmente citada como a mais extraordinária gravação de *The Velvet Underground and Nico*, bem como o único grande feito da banda no que diz respeito a singles. Sterling Morrison se referiu a ela como "possivelmente a melhor can-

---

Harris Publications, setembro de 1998, p. 52.
[98] Bockris, *Transformer*, p. 157.

ção de Reed, e uma canção verdadeira". Existem pouquíssimas canções no cânone do rock que se equiparam ao seu poder de traduzir uma experiência física por meio de uma detalhada paisagem sonora. Não que existisse muita competição na época em que "Heroin" foi escrita (1965), gravada (1966) e lançada (1967). Até mesmo esforços posteriores, como "Chinese Rocks", de Dee Dee Ramone, ou "Dope Sucks", de Herman Brood, se contentam em apenas catalogar os resultados do uso da heroína. "Heroin" permanece invicta como uma descrição em tempo real de um estado induzido por opiáceos. Por vezes é rotulada como a primeira "canção sobre drogas"; contudo, os artistas do blues há muito tempo haviam conhecido os férteis campos da coca, da *cannabis* e da papoula. Blues como "Cocaine Blues" e "Spoonful" se juntam às canções sobre drogas da música popular — até mesmo a versão original de "La Cucaracha" descreve a barata mexicana incapacitada de viajar pois "não possui *marijuana* para fumar".[99] "Heroin" é a primeira (e provavelmente a melhor) canção do rock a tratar as drogas de modo direto; mas essa é somente a qualidade mais óbvia entre todas as que possui.

Uma das razões da canonização dessa canção pela crítica é o reconhecimento de que ela criou sua própria categoria. A canção esmagou as grades que separavam as melosas canções do rock'n'roll comercial da multiplicidade de tópicos disponíveis no cinema e na literatura e, ao fazer isso, deu aos compositores a liberdade de escrever sobre a vida real. Seria um erro imaginar que "Heroin" e "I'm Waiting for the Man" são meras precursoras de outras canções sobre drogas e sobre os demais temas obscuros da sociedade; elas o foram, mas são também muito mais do que isso. Ao evitar os tópicos "seguros" e aceitos — e ao

---

[99] Potter, Harold (arranjo). "La Cucaracha" sheet music. Filadélfia: Morris Music, 1934.

escrever sobre as situações limite da vida — Reed tornou possível que o rock, dali em diante, incorporasse os dois extremos do espectro e tudo o que existe entre eles.

Musicalmente, David Fricke talvez seja mais eloquente em descrever a razão de "Heroin" ser tão importante no catálogo musical do Velvet:

> No final das contas, 'Heroin' é a essência microcósmica de tudo o que ocorre musicalmente em *The Velvet Underground and Nico* — a tumultuosa colisão da devastação da guitarra e do gemido da viola, a dinâmica oscilante entre o barulho completo e a esquelética melodia de ninar, as ousadas mudanças de ritmo e de tempo. É uma canção de um engenho programático, que o suga até o início do "barato" do dependente, com uma aceleração viciante, e subitamente chega a uma calmaria morta, como quando o estado opiáceo se inicia.[100]

"Heroin" foi a primeira arma que o Velvet Underground usou para demolir as muralhas que encarceravam os compositores do rock — e o fez usando apenas dois acordes: Ré e Sol. A economia com a qual o Velvet produzia seus arranjos ainda faria do grupo a maior influência da rebelião musical conhecida como punk. Na época em que foi gravada, contudo, significava que John Cale possuía um ambiente ideal para explorar as técnicas que se tornariam sua marca registrada, como criar complexidade por meio da repetição de partes simples. A quantidade de drama e movimento que o Velvet evocava usando apenas dois acordes é surpreendente, e a banda estava a caminho de alcançar um dos objetivos de Cale: "A oportunidade de fazer algo

---

[100] Fricke, *Peel*, p. 34.

ao estilo Phil Spector com os limitados recursos de uma banda de rock'n'roll — quatro pessoas."[101] A estrutura também afunila os elementos do arranjo em direção a um inexorável crescente de energia:

DAVID FRICKE: Reed tem explicado constantemente que, até mesmo tocada apenas com um violão, "Heroin" possui um irresistível arranco locomotivo.
LOU REED: São apenas dois acordes. E quando você a executa, a certa altura, existe uma tendência a tocá-la mais rápido. É automático. E quando a toquei para John pela primeira vez [em 1964] ele compreendeu. Além disso, se você prestar atenção na letra, percebe que há mais palavras a cada verso. A intuição natural é começar a acelerar.[102]

Antes de seu lançamento, em *The Velvet Underground and Nico*, duas versões da música merecem ser comentadas. Nas Ludlow demos, apesar do volume baixo e da versão acústica, a canção soa quase do mesmo modo como no álbum. Está claro que "Heroin" é uma canção que Lou escreveu sozinho, diferentemente das composições posteriores do Velvet que, ou dependiam de ideias de outros membros, ou eram inteiramente compostas em grupo.

A segunda versão de "Heroin", digna de nota, revela o outro lado da versão Ludlow: trata-se de um take ao vivo e instrumental, realizado para os créditos finais de um especial de televisão da emissora pública WNET. *Andy Warhol presents The Velvet Underground* foi um dos nove programas da série *USA*

---
[101] Axcess.
[102] Fricke, *Peel*, p. 34.

Artists, filmado em 7 de fevereiro de 1966 em Nova York, que apresentava nomes importantes da arte contemporânea. Sterling Morrison recorda que a sessão foi filmada na véspera do primeiro show *Uptight* de Warhol na Film Makers' Cinematheque em Manhattan e que "soava muito pacífica, o que estávamos tocando era, na realidade, uma versão instrumental de 'Heroin'. Era a última coisa, enquanto subiam os créditos, ela entrava sussurrada".[103] Naquela noite Warhol apresentou a banda dizendo: "Estou patrocinando uma nova banda. Ela se chama The Velvet Underground."

Para o *Rock and Roll Diary* (1978), de Lou Reed, a RCA enviou um press-release muito bem escrito se referindo a "Heroin" como "a saga de um homem em seu caminho rumo à morte espiritual, lutando e finalmente a abraçando", e chamava a canção de "a canção sobre drogas mais profundamente comovente e incômoda jamais escrita". Eu tenderia a concordar com a afirmação caso fosse escrita de outro modo. Não acho que a RCA precisasse qualificar a música como "canção sobre drogas"; isso apenas diminui o valor do elogio. "Heroin" é uma das canções mais profundamente comoventes e incômodas, ponto. Ela se sustenta como uma grande canção não só por causa de sua exatidão jornalística, no que diz respeito ao uso de drogas, mas também por conta da compaixão com que ela comunica e da clareza que traz às necessidades individuais de singularidade, seja ela induzida química ou espiritualmente.

O mesmo release descrevia o trabalho de Reed em *The Velvet Underground and Nico* como uma revelação do "horror e da falsa transcendência do vício em heroína". O uso da palavra "falsa" soa para mim como papo de médico da parte da RCA.

---

[103] Barrios.

Não estou certo de que Reed considerava as drogas como algo menos autenticamente transcendente do que as alternativas naturais, principalmente por volta de 1964-65, quando escrevia e aperfeiçoava a canção. E por que ele deveria? A desintegração do *self* que Reed descreve tem sua origem no mesmo manancial das mais variadas formas adotadas por místicos sufistas, iogues e *junkies*. Os trabalhos mais duradouros de poesia mística — incluindo aqueles de Jalal ad-Din Rumi — geralmente abordam o tema da intoxicação por álcool ou haxixe como uma metáfora para a transcendência espiritual. O verso de Lou "I feel just like Jesus' son" [Sinto-me como o filho de Jesus] não soaria descabido vindo da boca de um sufista. Na Bagdá do século XI foi a expressão "Ana Al Haqq" [Eu sou a verdade] — Al-Haqq sendo um dos "99 nomes de Deus" — que fez com que al-Hallaj fosse espancado, queimado e decapitado. Do mesmo modo, um sufista se esforça para alcançar o penúltimo estado místico de Fan'a, ou da aniquilação do *self*; o que não difere muito do verso de Reed: "I'm gonna try to nullify my life" [Eu vou tentar anular minha vida]. A única diferença é que uma dá espaço para Deus e a outra para a droga. Logo, no que diz respeito à transcendência, a heroína possui a sua própria e "Heroin" transmite isso de maneira poderosa. (De maneira alguma isso significa que estou endossando a heroína como meio de crescimento espiritual! Eu diria que transcendência não é tudo; se você pensa que ser um *junkie* é romântico, espere só até que a heroína faça você "transcender" a habilidade de manter um emprego, um relacionamento ou de controlar seus intestinos — entre outras perversas atividades espirituais.)

Como Jim Carroll observou em *The Basketball Diaries*, as drogas são um trabalho como outro qualquer, a diferença é que nele o horário se estende até o amanhecer. A objetividade de Lou Reed em "Heroin" é íntegra; ele fornece toda a informação de que um ouvinte precisa para reconhecer a escuridão inata do uso de drogas. Sterling Morrison disse que "Heroin" trata de morte espiritual, e que nela Reed faz tudo, menos advogar a favor do uso da droga: ele deixa claro que somente alguém que quer morrer deve se voltar para ela. Apesar disso a banda foi surrada pela crítica, como se incentivasse o uso da heroína, uma imagem de que nunca conseguiria se livrar. A seguir, Reed descreve sucintamente a canção, deixando claro que, ao declarar a experiência de ficar doidão, também está descrevendo as regras para o uso da heroína e seu inevitável desfecho — o vício:

> "Heroin" é muito próxima do sentimento que você tem ao usá-la. Ela te engana até certo ponto. Você pensa que está gostando. Mas quando ela o acerta é tarde demais. Você não tem escolha. Ela vem mais dura e mais veloz e continua vindo. A canção é tudo o que a droga real está fazendo com você.[104]

Nesse sentido, "Heroin" consegue comunicar, em um punhado de versos, o que Burroughs precisou de centenas de páginas para alcançar. Mas se Reed pensou que a canção seria entendida sob a mesma luz que os trabalhos literários de Poe, Genet ou Baudelaire, ele estava errado. Os críticos não estavam preparados para considerar uma canção que usava a heroína como tema como algo além de apologia. Reed alternadamente condenou aqueles que assumiam essa opinião e também admitiu que estava ciente dessa interpretação equivocada, mas que

---

[104] Bockris, *Transformer*, p. 71.

a manteria inalterada. Limpo e sóbrio, em 1989, refletindo sobre seu trabalho nos anos 1970, Reed expressou uma combinação de ambas as visões na revista *Q*:

> Eu estava realmente fodido. E é só isso. É como se eu realmente encorajasse o fato. Fiz um monte de coisas verdadeiramente estúpidas e não sei como podiam sentar e escutar seriamente essas coisas. Mas durante todo esse tempo eu criei esse tipo de coisa porque achava divertido.
>
> Era algo muito sério uma canção chamada "Heroin" estar em um disco, e eu achava que aquilo era realmente estúpido. Enfim, isso já existia nos filmes dos anos 1940 — *O homem do braço de ouro* [de Otto Preminger], pelo amor de Deus. Então qual era o problema? Era como conversar com pigmeus. As pessoas estavam ofendidas pois tínhamos feito uma canção chamada "Heroin", mas já havia bastante coisa sobre o tema na literatura e ninguém ligava, e como era rock'n'roll nós só podíamos estar fazendo apologia a drogas ou algo assim. Pensei, depois de tudo, sobre "Heroin", que, bem... se você achar tão chocante, pense melhor. Foi uma atitude estúpida e infantil a que tive mas, sabe, enquanto eles se comportavam desse jeito eu pensava: "Foda-se, vou me esforçar um pouco nessa direção, um pouco de teatro de rua." Envolver-se com tudo aquilo era como concordar com aquilo, ser um instrumento daquilo. Não acho que tenha trazido à tona meu melhor lado.[105]

A maior parte dos grupos que deseja o sucesso talvez tentasse mudar a si mesmo, eliminando o que seus críticos e seu

---

[105] Kent, Nick. *The Dark Stuff: Selected Writings on Rock Music*. Cambridge: Da Capo Press, 2002.

público considerassem questionável, para aumentar suas chances no mercado. Em vez disso, o Velvet permaneceu com seu trabalho e apoiou a decisão de Reed de focar suas letras cada vez mais nos elementos decadentes da sociedade. O estereótipo da banda como "*junkies* pervertidos", como um entrevistador definiu, resultou nesta resposta de Moe Tucker:

> Começou como uma espécie de encenação, que a audiência levou muito a sério. Cantávamos "Heroin" e as pessoas assumiam que éramos viciados; tocávamos "Venus in Furs" e pensavam que espancávamos uns aos outros. Não existiam *junkies* na banda. [106]

Lou Reed viria a lamentar o rótulo de drogados recebido pelos integrantes da banda, afirmando em 1974: "Existem certas coisas que simplesmente não posso fazer. Quer dizer, eu realmente fui para Lexington, fiz todas essas coisas na época. Mas não faço agora, e acho que é um pouco triste que as pessoas ainda estejam presas a isso."[107]

Reed parece reconhecer as dificuldades inerentes de ter desafiado as regras com tanta força, tão jovem e de maneira tão intransigente. Aludindo, em 1998, a seu trabalho pioneiro em trazer realismo literário para as letras do rock, ele disse: "De certo modo, fica mais difícil para mim agora. Pois eu já fiz tudo isso. Não posso escrever 'Venus in Furs, Parte II' ou 'Heroin, Parte II'."[108]

Algo sobre o quão claramente Reed não mudou sua opinião foi o pioneirismo de sua abordagem lírica, iniciada em "Heroin":

---

[106] Daniels, Henry. "The Velvet Underground". 5 de novembro de 1971, edição do zine inglês *Frendz*.
[107] Kent, p. 177.
[108] Di Perna, p. 94.

ENTREVISTADOR: Quando surgiu pela primeira vez, para você, a noção de que o assunto abordado em canções como "Heroin" (…) era algo que poderia ser apresentado em um formato pop ou rock?
REED: Bem, eu estava lendo Burroughs, Ginsberg e Selby. Era grande fã de certos tipos de escrita. Tinha bacharelado em Inglês, então, por que não fazê-lo? Parecia óbvio e ainda me parece. Existia um enorme mundo inexplorado lá fora. Parecia a coisa mais natural a ser feita. Esse é o tipo de coisa que se quer ler. Então por que não se poderia ouvir? Você se diverte lendo e você se diverte ouvindo a todo volume.
ENTREVISTADOR: Parece óbvio agora, mas…
REED: Parecia óbvio naquela época. Bem, ao menos para mim.[109]

There She Goes Again

De todas as canções deste álbum extraordinário, essa foi sempre a que menos me surpreendeu. E muito pouco foi dito sobre ela pelos membros da banda. Descrita por Victor Bockris como "uma canção durona sobre uma garota durona",[110] ela possui seus pontos fortes, com certeza. Os vocais de apoio (as características harmônicas enxutas que o Velvet usava com eficácia) são bastante bons. E devo admitir que a banda soa supercompacta; mas confesso que nunca percebi quão precisa a banda soava até ler a descrição que Sterling Morrison faz da canção:

> Em termos rítmicos, somos uma banda bastante precisa. Caso estejamos acelerando ou desacelerando o andamento da can-

---

[109] Di Perna, p. 94.
[110] Bockris, *Uptight*, p. 118.

ção, isso foi programado. Se você ouvir a quebra no solo de "There She Goes Again", ela desacelera, é cada vez mais devagar. E então ela retorna nos "bye-bye-byes", com o dobro da velocidade original. Nós sempre brincamos com isso.

Ouvindo novamente a canção, um pouco cético, escutei o que Morrison descreveu. Logo, apesar de ainda achar que se trata da composição mais fraca do disco, reconheço que é um exemplo brilhante de coordenação do grupo. A precisão do desempenho talvez venha do longo tempo em que a banda a vinha tocando a canção — lembre-se, ela é uma das três canções que tocaram em seu show de estreia na Summit High School.

Há um afastamento dos eventos da canção que eu considero perturbador, com Reed assumindo uma postura neutra nos versos "she's down on her knees" [ela está de joelhos] e "you better hit her" [é melhor que você bata nela]. Isso torna difícil — para mim ao menos — entender o que diabos está acontecendo na canção. Prostituição de rua? Violência doméstica? Libertação feminina *versus* misoginia masculina? Talvez Lou estivesse sendo propositadamente obscuro, ou talvez eu seja apenas burro. Mas com a claridade temática brilhando no restante das canções, e com a qualidade nervosa de *avant-garde* dos números mais obscuros ("Black Angel…", "European Son"), essa canção não parece nem lá nem cá. E pela primeira vez não consigo sacar a objetividade de Lou, que parece muito distante nessa faixa para o meu gosto.

Vale a pena lembrar que Reed era um compositor formado como jornalista e treinado, em parte, como poeta. O jornalista em Reed o encoraja a se ater aos fatos. O poeta o incentiva a fazer com que esses fatos sejam apresentados numa colagem de imagens evocativas, por vezes belas e ao mesmo tempo duras. Essa qualidade parece estar ausente, ou diluída, em "There She Goes Again". Penso que as primeiras canções de Reed são consideradas suas melhores especificamente por causa do tipo de relato que ele estava oferecendo na época. Ainda que eu jamais o descrevesse como um inocente, *havia* mais inocência em sua abordagem do que haveria depois de sua entrada para o mundo de libertinagem do Lower East Side e, posteriormente, no mundo de intrigas do Upper West Side que circundava Andy Warhol e a Factory. O que mais mudou foi o repórter, não a reportagem. Aqui, ele soa prematuramente exausto.

Como escritor e observador consumado, Lou Reed sempre esteve disponível para o drama, absorvendo situações como uma esponja, para depois espremê-las de volta — de um só jato — em suas canções. Reed, o compositor, é inseparável de Reed, o repórter, mas para mim ele lembra mais os jornalistas da época de seus avós do que os de sua própria época. Sua habilidade de descrever o que vê (e faz) com um entusiasmo fanático faz com que seu trabalho lembre o jornalismo *muckraker*, popular na virada do século XX. Como Reed, os escritores Jacob Riis, Lincoln Steffens e Ida M. Tarbell eram jovens que reinventaram suas profissões, cobrindo pela primeira vez o que os demais consideravam tabu. A habilidade de Reed de focar na parte obscura da vida com objetividade e compaixão evoca o trabalho de Riis, o repórter pobre cujo ensaio fotográfico *How the Other Half Lives* revelou a miséria da vida do Lower East Side de Manhattan, na virada do século, de maneira tão poderosa que ajudou a lançar o movimento de reformas norte-americano. O que Riis trouxe para o jornalismo impresso, e depois para as grandes editoras de livros, Reed trouxe, de seu próprio modo, para o rock e para a música popular. Outro patrocinador do realismo social e amigo próximo de Lincoln Steffens e de outros "*muckrakers*", foi Hutchins Hapgood. Hapgood escreve o que, sessenta anos depois, poderia passar como o emblema no brasão de Lou Reed: "Quando um homem procura o que escrever no submundo, ao menos ele tem certeza de uma coisa, ou seja, de que esta coisa é autêntica."[111]

Na minha opinião, contudo, Reed tem mais em comum com Lincoln Steffens, autor de *Shame of the Cities*, de 1902. Como Reed, Steffens retirou o pai de sua vida por um motivo incompreensível, uma decisão que parece ter afetado sua atitude em relação às autoridades. Como Reed, Steffens foi um jovem no ápice de uma profissão prestes a desafiar (e reverter) as preocupações provincianas que, há muito, limitavam o assunto com o qual lidava; e, como Reed, ele teria um enorme papel nessa mudança. Ambos encontraram seus principais temas e realizaram seus melhores trabalhos em Nova York. Cada um deles foi representante da liberação intelectual, sexual e artística pela qual o Greenwich Village passava durante suas vidas. E ambos foram chamados de vitais, criativos, empenhados e magneticamente charmosos. Steffens escreveu seu melhor trabalho como um desafio às "hipócritas mentiras que nos impedem de ter uma visão clara de nós mesmos".[112]

Posteriormente, quando Reed decidiu divertir esses ouvintes chocados que manifestaram sua indignação com canções como "Heroin", "Venus in Furs" e "I'm Waiting for the Man", um elemento de tabloide surgiu em seu trabalho. Enquanto assegurava seu sucesso pós-Velvet e a celebridade nos anos 1970 — entre uma audiência sedenta por uma decadência caricatural —,

---
[111] Kaplan, Justin. *Lincoln Steffens*. Nova York: Simon & Schuster, 1974.
[112] Kaplan, p. 132.

esse elemento sensacionalista corrompeu a pureza das primeiras letras de Reed. E somente no final dos anos 1980 o compositor retomaria sua capacidade de ver as coisas mais claramente. Talvez o reencontro com a sobriedade tenha feito com que ele voltasse a ver as coisas por uma perspectiva nova e sem afetação. Muitos usuários de drogas, que as usaram por muito tempo, descrevem a experiência de sobriedade como uma espécie de renascimento, e posso atestar o poderoso sentimento que domina essas pessoas — especialmente durante os primeiros estágios —, fazendo com que tudo subitamente pareça novo e diferente.

I'll Be Your Mirror

Em algum momento durante o início de sua convivência no Velvet, Nico e Lou Reed se tornaram amantes em uma relação descrita por Cale como "consumada e constipada".[113] O que não surpreende, dados os muitos egos e a grande quantidade de drogas; a tensa e rarefeita atmosfera ao redor do séquito de Warhol não era exatamente a ideal para um romance, e a flor logo murcharia. O grande abatimento que se instaurou entre Reed e Nico dali em diante deixou claro que era só uma questão de tempo até que ela fosse expulsa da banda. "I'll Be Your Mirror" foi escrita durante a época mais feliz.

Ainda que se tenha dito que Lou escreveu a canção especialmente para seu único grande amor, Shelly Albin, não restam dúvidas de que o ímpeto lírico para compô-la veio de Nico. Reed se lembra de Nico se aproximando dele numa noite,

---

[113] McNeil, p. 10.

no final de 1965, e dizendo "Oh, Lou, I'll be your mirror"[114] [Ah, Lou, eu serei seu espelho]. Intrigado com a declaração, canalizando essa paixão passageira, Lou escreveu a canção especialmente para que ela cantasse. O desempenho de Nico definiu a canção ao ponto de, em 1971, depois que ela, Cale e Reed já haviam deixado a banda, o baixista Doug Yule continuar usando suas inflexões:

GREG BARRIOS: Na noite passada, enquanto Doug cantava "I'll Be Your Mirror", detectei o sotaque germânico...
STERLING: Ah, sim, nós imitamos o modo como ela fazia. Ela nunca dizia "I'll be your mirror", era algo como "I be your mirrah". É incrível como essas canções continuam tão boas.[115]

Antes de Nico dominar a canção, contudo, houve alguns momentos instáveis. Durante as gravações para o álbum, Nico insistiu em usar o que Sterling Morrison chamou de "voz gotterdammerung" em vez da "voz fina" de que ele gostava; o Velvet não estava conseguindo gravar a canção.

STERLING: Ela insistia em cantar "I'll Be Your Mirror" forçando um timbre estridente. Insatisfeitos, nós continuávamos insistindo para que cantasse e cantasse, até que ela começou a chorar. Em algum momento dissemos: "Tente só mais uma vez e dane-se — se não der certo dessa vez, desistiremos da canção." Nico sentou-se e fez exatamente o que devia.[116]

---

[114] Bockris, *Transformer*, p. 106.
[115] Daniels.
[116] Bockris, *Uptight*, p. 51.

Independentemente dos problemas durante a gravação, Nico realmente apropriou-se da canção. Uma das razões pelas quais ela foi capaz de se encaixar em uma banda já formada — e extremamente insular — e reivindicar qualquer canção destinada a ela foi uma combinação de sua inteligência com a empatia sentida pelas canções de Reed. O compositor disse que "ela tinha uma mente maravilhosa", descrevendo o trabalho de Nico como "(...) fantástico (...) quando dava uma de minhas canções para Nico cantar, ela entendia completamente o que estava sendo dito e cantava desse ponto de vista".[117]

Uma das ideias de Warhol para "I'll Be Your Mirror" nunca viu a luz do dia, o que destaca o abismo que separava suas ideias conceituais das reais possibilidades técnicas disponíveis em um estúdio, em 1966. A sugestão de Andy era que o disco "tivesse uma fenda, feita propositadamente, para que tocasse 'I'll Be Your Mirror', 'I'll Be Your Mirror', 'I'll Be Your Mirror' e nunca pulasse, tocaria e tocaria até que alguém viesse e arrumasse a agulha no disco".[118] A canção ainda é considerada uma das melhores baladas de Lou — é a canção favorita de Norman Dolph, no álbum, e uma das que Reed, claramente, prefere: "'Candy Says'... 'Pale Blue Eyes', essas são minhas canções, derivadas de minha experiência pessoal. E 'I'll Be Your Mirror'... quando as pessoas pensam no Velvet Underground elas pensam em 'Heroin'. Eu sempre fui mais fascinado por 'I'll Be Your Mirror'."[119]

Uma prova posterior do carinho de Reed veio em 1989, quando ele estava preparando um show acústico para sua nova banda. Trabalhando com um corpo de aproximadamente

---

[117] Bockris, *Transformer*, pp. 106-7.
[118] Bockris, *Uptight*, p. 95.
[119] Kent, p. 174.

quinhentas canções, ele selecionou "I'll Be Your Mirror" para o novo show.[120]

The Black Angel's Death Song

"The Black Angel's Death Song" é um dos números em *The Velvet Underground and Nico* que não perdeu nada de seu poder de surpreender depois de 35 anos. Em 1965, Lou Reed e o percussionista original, Angus MacLise, descreveram sua banda como "o equivalente ocidental da dança cósmica de Shiva. Tocando enquanto a Babilônia é destruída em chamas",[121] e é fácil imaginar essa canção como trilha sonora para a conflagração da Babilônia.

O Velvet frequentemente experimentou afinações alternativas. "The Black Angel's Death Song" é uma das várias canções nas quais as guitarras têm sua afinação reduzida, criando um som mais pesado, que Cale descreveu como "sexy". Diferentemente de outras coisas consideradas sensuais (digamos, roupa íntima), essa afinação tinha a vantagem de ser também prática. A banda frequentemente descia a afinação para se equiparar à afinação da viola de Cale. Em vez de fio e nylon, John estava usando uma combinação de cordas de violão e de bandolim em seu instrumento, e tentar afiná-lo no mesmo diapasão da guitarra iria curvar — caso não quebrasse — o braço da viola. O risco valia a pena, pois na primeira vez que Cale amplificou o som da sua viola, ouviu "uma turbina de avião". A contribuição de Cale para o som do Velvet Underground, para a direção para onde se moviam, foi

---

[120] Di Perna, p. 98.
[121] Bockris, *Transformer*, p. 92.

indiscutivelmente maior do que a de qualquer outro membro; e ele estava ciente disso e de como esse processo tinha acontecido:

> O som do Velvet Underground realmente deriva do trabalho feito com LaMonte Young... Descobrimos o grande barulho orquestral que conseguiríamos por meio de uma guitarra com um arco. Aplicamos isso na viola e no violino, eu toquei em três cordas na viola... e isso causou um enorme barulho; soava quase como se houvesse um avião dentro da sala.[122]

Estilisticamente essa talvez seja a canção que contém os mais fortes elementos da poesia beat, que influenciou Lou Reed e Sterling Morrison, bem como do envolvimento de John Cale com o movimento Fluxus e com John Cage. A história mais conhecida sobre a canção é a de como o Velvet foi demitido por causa dela, duas noites após Andy Warhol ter vindo vê-los pela primeira vez.

A banda havia sido agenciada por um breve período por Al Aronowitz, que pensou que o grupo se beneficiaria da prática de tocar em um local fixo. Além de um show garantido e de um salário (cinco dólares por noite para cada integrante!), fazer vários shows por noite, toda noite, é o melhor exercício que uma banda pode ter. Os Beatles claramente se beneficiaram da estabilidade que tiveram em Hamburgo, bem como os Rolling Stones e os Yardbirds durante sua residência no Richmond Hotel, em Londres. Os membros do Velvet, contudo, não estavam sequer empolgados com seu contrato no Café Bizarre. O grupo teve que adicionar alguns covers em seu show, e até mesmo concordou que Moe Tucker abandonasse a bateria e tocasse apenas um pandeiro —

---

[122] Palmer, p. 175.

uma concessão ao intratável volume sonoro em um local tão pequeno. No entanto, após ser forçada a trabalhar durante o Natal, a banda estava menos empolgada ainda com a ideia de seguir em frente. Sterling Morrison conta a história assim:

> Fomos demitidos de nosso primeiro show como Velvet Underground. Nós tocamos "Black Angel's Death Song" e o proprietário veio até nós em um dos intervalos e disse: "Se vocês tocarem a canção mais uma vez estão demitidos." Então abrimos o show seguinte com ela. Talvez a melhor versão já tocada. Nós queríamos fazer somente o que quiséssemos. E algumas pessoas apareceram e disseram: "Ei, vocês não querem um contrato de gravação?" E nós respondemos: "Pode ser que sim."[123]

John Cale completa:

> "'Black Angel's Death Song' era um tapa na cara, criava confronto: 'Nós não queremos saber onde você está, nós estamos aqui' — era muito defensiva. É tentar alcançar o máximo de níveis que você quiser em uma canção, não somente aqueles que as canções pop parecem frequentar."[124]

European Son

"European Son" é dedicada ao amigo de Syracuse de Lou Reed e seu mentor literário, Delmore Schwartz. O poeta, que alcan-

---

[123] Modern *et al.*
[124] Isler, Scott. "Violence, Viola and Enigma Variations", *Musician Magazine*, Edição 126, abril de 1989.

çara certo reconhecimento, desdenhava tanto as letras de rock que, até sua morte, Reed manteve em segredo seu envolvimento com a música e com o Velvet Underground, temendo que, ao saber de suas atividades musicais, seu antigo professor ficasse gravemente desapontado. O Velvet quisera dedicar uma canção a Schwartz, e — dada sua aversão às letras de rock — a banda decidiu gravá-la com o menor número de palavras possível (pouco mais de cinquenta). Essa escassez de letra permitiu que John Cale tivesse bastante espaço para aplicar algumas das técnicas do movimento *avant-garde* Fluxus, que originalmente o levara a Nova York. Reed e Morrison se lançavam em um inspirado caos de guitarras. A canção figura como uma influência chave para bandas como Sonic Youth, Yo La Tengo e Violent Femmes (cuja "Country Death Song" evoca "European Son" toda vez que a escuto). Como Sterling Morrison refletiu:

> "European Son" soa muito domesticada agora. O fato é que ela é melódica e se qualquer um ouvi-la, ela acaba se tornando compreensível à luz de tudo o que ocorreu desde então, não somente em nosso trabalho, mas no de todos. No tempo em que a gravamos ela era incrível. Percebemos, em nosso primeiro álbum, que era uma nova ideia gravar canções longas. As pessoas simplesmente não faziam isso — independentemente do conteúdo da canção —, as músicas precisavam ter entre 2'30" e 2'45". Então aqui está "European Son", que chega a quase oito minutos. Todas as canções do primeiro disco são longas se comparadas aos padrões da época.[125]

Com todo o respeito a Morrison (e eu acredito que ele merece ser muito respeitado), "muito domesticada" não é a carac-

---

[125] Bockris, *Uptight*, p. 118.

terística que eu atribuiria a essa canção em contexto algum. Para os ouvintes de hoje, bem como para os ouvintes em 1966 ou 1967, a canção é uma viagem dissonante que propicia surpresas autênticas. Depois da morte de Sterling Morrison, Lou Reed refletiu sobre ele, chamando-o de "o Coração Guerreiro do Velvet Underground". "Quando ele tocava seus solos apaixonados, sempre o via como um mítico herói irlandês, com chamas disparando de suas narinas",[126] disse Reed. Ao ouvirmos "European Son" é fácil visualizar essa descrição.

Ainda que dedicada a Schwartz, a canção serviria como um tributo a Andy Warhol. Sua progressão de uma canção pop francamente dançante a uma obscura explosão cacofônica parece ser uma metáfora perfeita para o *EPI*, cujos shows transformaram discotecas em laboratórios que sintetizavam delírios, catarses psicossociais. Talvez por causa da escassez de letra, a canção encoraje o ouvinte a fechar seus olhos e permitir que a música apresente uma história de maneira imagética.

De acordo com Jonathan Richman, a banda, em seus shows ao vivo, escreveria "Hooker" em vez de "European Son" em sua lista de canções — por causa de John Lee Hooker, o bluesman com a voz gutural, já que o grupo acreditava que o riff principal da canção soava como uma canção dele. Para mim ele começou soando como o riff barato usado em todos os programas de televisão de meados dos anos 1960, quando alguma personagem gira o botão do rádio para ouvir "rock'n'roll". *A Feiticeira! Meu marciano favorito!* O episódio de *Os Monstros* com a participação dos Standells! De repente, os dervixes assassinos agarram o pequeno rádio e sintonizam em uma estação que

---

[126] Reed, Lou. "The Warrior Heart of the Velvet Underground". Obituário da *New York Times Magazine*.

somente eles podem encontrar, um sinal místico que reside entre as linhas, em que a canção é a mesma, mas anjos e gênios se juntam ao ruído. Um barulho dissonante, como se alguém desse descarga em pedaços de vidro dentro de um vaso sanitário de metal, mantendo controle total na horizontal e na vertical; esse ônibus está fazendo algumas paradas não previstas agora.

Atrás de uma porta se encontra um consumado músico, misturando escalas arábicas e indianas com um ruidoso rock'n'roll: ritmos de rockabilly dos contrafortes marcianos. Logo atrás da outra porta, contudo, se encontra um garoto chapado, ele tem treze anos e nunca tocou uma guitarra. Uma *go-go girl* continua fechando uma porta e abrindo a outra; Alice às avessas, ela cresce na segunda. Dela são as botas que conseguem esmigalhar o mármore das bibliotecas, dela são as botas que podem construir um Estado fascista. Seus olhos começam a brilhar com uma ferocidade inumana, seu corpo muda de carne para vinil, agora um plástico duro, brilhante e além: alumínio, ferro, aço, plutônio! Essa é "These Boots Are Made for Walking", como um hino de futebol para robôs guerreiros do futuro.

O European Son senta-se como Jano, com o rosto de Warhol na frente de sua cabeça e o de Lou Reed na parte de trás. Bo Diddley cavalga em sua garupa, mas é tarde demais para ele salvar o velho rock'n'roll, e ele é perseguido no ginásio da escola pelo *go-go golem* que arranca as arquibancadas, usando botas de sete léguas, esmagadoras de tanques. O European Son levanta uma cabeça de metal com uma cabeleira de vinil branco, abre uma boca cheia de lâminas e lápis nº 2. O que sai dela é... silêncio. Como Lou Reed também aprenderá um dia, quando estiver entre as cinzas do Velvet Underground: ser vencedor é estar só.

"European Son" revela, talvez, a mais óbvia integração dos princípios do Fluxus que John Cale trouxe para o grupo. Entre eles estava a ideia de que ruídos espontâneos, tais como um carro que passa, são componentes naturais da experiência auditiva: logo, parte da canção. A partir daí é um passo para se escrever esses ruídos no arranjo. Nessa canção, o som dissonante é causado por uma cadeira de metal sendo arrastada no chão por Cale, que, no instante seguinte, arrastou-a por cima de uma pilha de pratos de alumínio. Mas ainda acho que soa como uma janela indo descarga abaixo.

3. Consequências

MORRISON: Nunca tinha ficado tão empolgado! Eu costumava ligar para a *Cashbox* para descobrir nossa posição nas paradas antes mesmo de a revista sair.
MOE TUCKER: A MGM estragou tudo... eles realmente não fizeram nenhuma distribuição.[127]

O Velvet Underground lançou quatro álbuns de estúdio em seus cinco anos de história como grupo (caso você considere, como a maioria das pessoas, que o fim da banda aconteceu quando Lou Reed partiu). Desses quatro álbuns oficiais, nenhum conseguiu chegar ao Top 100, enquanto dois nem chegaram às listas.

O timing é tudo na indústria musical, e o timing do Velvet era péssimo. Gravando em 1966, quando programas como *Shindig*, *Hullabaloo* e *Where the Action Is* já estavam oferecendo uma versão diluída da cena roqueira para os espectadores, o Velvet se encontrava, distintamente, não higienizado. Enquanto as gravações definhavam nas prateleiras da MGM, o The Byrds lançava "Eight Miles High", que deu início a uma reação nacional antidrogas. Sem sucesso, os Byrds insistiam que a canção era

---

[127] Bockris, *Uptight*, p. 106.

apenas um relato de um voo transatlântico para Londres (eles se encontravam duas milhas fora da altitude normal, mas quem se importa? Aposto que David Crosby criou um regime pré-voo que incluía *tudo* menos Dramamine). A máquina de autocensura estava agora em voga, uma planta carnívora esperando apenas por um disco que tivesse a pachorra de empilhar homossexualidade e voyeurismo no topo de *inúmeras* canções sobre drogas.

Quando a MGM finalmente colocou os discos nas lojas, em março de 1967, promoveu uma campanha promocional totalmente sem brilho, e, posteriormente, diminuiu ainda mais o orçamento de lançamento diante da hostilidade da indústria. Com o conteúdo do álbum garantindo uma venda difícil, a gravadora, hesitante, não fez nada para impedir as revistas de banirem seus anúncios, ou para impedir que as rádios se recusassem a difundir o LP. A maioria dos críticos de música se negou a dar até mesmo um espaço mínimo para o disco. Ainda assim, com o jogo tão desfavorável para eles, o Velvet Underground até que quase conseguiu vencer. Quase. Por volta de maio eles apareciam na *Cashbox*, ameaçando entrar no Top 100. E então o desastre aconteceu.

Na contracapa do álbum existia uma foto do *EPI*, a banda sob uma imagem projetada, além de uma foto de Eric Emerson, superstar de Warhol que recentemente havia sido preso e que precisava de dinheiro. Emerson prontamente ameaçou processar a gravadora, se recusando a assinar uma autorização de direitos até que a MGM o pagasse. Depois de atrasos na fabricação do disco, devido à necessidade de uma máquina especial para criar a capa desenhada por Warhol — onde a banana poderia ser descascada —, e dos consideráveis custos desse processo, permanece um mistério o fato de a MGM simplesmente não pagar para Emerson calar a boca. Victor Bockris especula:

Considerando a inabilidade da MGM, ou a falta de boa vontade, de lidar com o produto, alguém pode imaginar como lançaram o disco em uma embalagem tão cara. A única explicação seria a tentativa de enfatizar uma conexão com Warhol, na esperança de vender algumas cópias a mais.[128]

Em *Uptight*, Bockris cita Sterling Morrison, cuja frustração é evidente com a maneira confusa com que a MGM abordou o já atrasado lançamento de *The Velvet Underground and Nico*:

> Todo o negócio com Eric foi um verdadeiro fiasco para nós, e prova quão idiotas eles eram na MGM... sabe-se lá quem tirou a foto de Eric, mas a MGM estava longe de ter qualquer responsabilidade. Responderam a isso tirando o álbum das prateleiras imediatamente e o deixaram fora das lojas por alguns meses, enquanto se ocupavam de colar adesivos na foto de Eric e, finalmente, de usar o aerógrafo. Assim, o álbum sumiu da parada quase imediatamente, em junho, justo quando estava prestes a entrar no Top 100. Ele nunca retornou às paradas.[129]

Reed, em particular, estava frustrado com os problemas envolvendo o disco. Ele havia trabalhado para a empresa de contabilidade de seu pai, e mais do que qualquer outro do Velvet, mantinha os olhos nos lucros. O atraso no lançamento exacerbou a tensão entre Lou e a equipe de agenciamento, e a relação com Warhol (que tivera seu auge com os shows na Dom em 1966 e as gravações no mesmo mês) deteriorou. Caso não tivesse havido um ano de atraso — no qual Reed pôde me-

---

[128] Bockris, *Uptight*, p. 122.
[129] Bockris, *Uptight*, p. 122.

ditar sobre a deficiência nas habilidades de gerenciamento de Morrissey e Warhol —, a banda poderia ter continuado trabalhando com eles. Mas simplesmente não era para ser.

PAUL MORRISSEY: A Verve/MGM não sabia o que fazer com *The Velvet Underground and Nico*, pelo fato de o disco ser tão peculiar. Eles não o lançaram durante quase um ano... Tom Wilson, na Verve/MGM, só comprou o álbum de mim por causa de Nico. Ele não via talento em Lou.[130]

Em 1967, depois do atraso de um ano no lançamento, o clima comercial estava ainda pior do que na época em que o disco foi gravado. De um ponto de vista competitivo, e de marketing, o *Sgt. Pepper's* dos Beatles havia sido lançado, causando um impacto colossal na indústria, roubando a atenção de tudo e de todos naquele ano. Uma enorme quantidade de agentes sagazes pululava no novo e enorme mercado do rock, e discos (alguns bons, mas a maioria meros produtos) começavam a inundar as lojas. Ficava cada vez mais difícil ser notado, em contraste com as vendas tranquilas no mercado do ano anterior.

Em relação ao clima moral para o álbum do Velvet, 1967 foi um ano pior do que o anterior. Doze meses de cobertura do movimento de contracultura dos jovens de São Francisco e, junto com ele, o desenfreado consumo de drogas. Mais uma geração de pais descobriu a mão do diabo por trás do que seus filhos ouviam. A John Birch Society revelou a alarmante verdade de que os Beatles eram meros avatares para um mal ainda maior, um grupo de brilhantes cientistas comportamentais que escreviam suas canções (ah-há!). Seu propósito: lavagem

---

[130] McNeil, p. 18.

cerebral pura e simples. Esses "flautistas de Hamelin criando promiscuidade, uma epidemia de drogas, uma consciência de classe na juventude e uma atmosfera para uma revolução social" claramente não trabalhavam sozinhos![131]

Não demoraria muito até que a histeria alcançasse um nível tão alto que o vice-presidente norte-americano, Spiro Agnew, tentaria censurar "With a Little Help from My Friends", decidindo que ela era claramente um hino às drogas. Como o *Rolling Stone History of Rock and Roll* aponta: "A questão que unia os radialistas e as gravadoras — e que equivalia a uma conspiração — eram as drogas... as drogas eram o fantasma da classe média, e até mesmo o menor indício de que uma canção tivesse 'letra de drogas' era o suficiente para ser banida das frequências de rádio AM..."[132]

O Velvet, é claro, estava fazendo muito mais do que dar indícios. E seu outro maior tema — o sexo — também estava sob intenso ataque dos programadores das rádios de todo o país; apesar de não ser algo tão intenso ou novo quanto a reação às drogas. "Dar uns amassos" e "ir longe demais" eram clichês dos anos 1950, e se frases nesse estilo mandavam compositores correndo de volta para suas máquinas de escrever e programadores para suas listas de músicas e — como ocorreu com "Rhapsody in the Rain" de Lou Christie naquele ano — que chance "Venus in Furs" teria? A MGM/Verve teria uma nova — e ultraconservadora — diretoria em breve e o Velvet e o Mothers seriam inevitavelmente cortados do elenco da gravadora quando a área de rock do selo se reduzisse aos mimados rebeldes embriagados de leite, The Cowsills. Não sou partidário de nenhuma

---

[131] Ward, p. 371.
[132] Ward, p. 322.

teoria da conspiração, mas talvez tudo estivesse previsto, e a falta de apoio da gravadora fosse parte de um plano secreto para deixar o contratado mais "constrangedor" morrer lentamente; de subnutrição promocional.

Talvez a gota d'água para o Velvet tenha sido a falha das rádios de sua cidade natal, Nova York, em não apoiar o grupo. Depois de perderem o Dom, essa traição local foi demais para a banda. O Velvet retribuiu o favor: no auge de seus poderes, como gracejou Sterling Morrison, o grupo instituiu seu próprio boicote de três anos contra Nova York. Nova-iorquinos de nascença ou por escolha, eles não se mudaram da cidade; contudo, se tornaram uma banda de turnê, cuja base de fãs — e cidade favorita — era Boston. A banda encontrou apoio naquela cidade, que era o lar de seu futuro baixista, Doug Yule, e de seu futuro agente, Steve Sesnick.

"Boston era tudo o que importava, no que dizia respeito a nós... foi a primeira vez que alguém ouviu a música, o que nos empolgou coletivamente",[133] afirmou Lou. Danny Fields destacou que a banda era "fenomenalmente popular em Boston... eles realmente poderiam sobreviver ali",[134] o que não conseguiriam em Nova York.

O apreço que os moradores de Boston nutriam pela música da banda poderia ter evitado sua dissolução pelo tempo necessário para dobrar sua produção de discos. Infelizmente, sem a indústria da música em Boston, nem a força da imprensa que Nova York e Los Angeles mantêm lado a lado, o segundo lar eleito pela banda não pôde suprir o que era necessário desde Manhattan. Ainda assim, como nativo de East Boston, fico or-

---

[133] Bockris, *Uptight*, p. 136.
[134] Bockris, *Uptight*, p. 136.

gulhoso de minha cidade ter sido um dos locais que reconheceram quão grande o Velvet Underground foi — na época em que ainda existia.

Qualquer livro sobre o Velvet mostra o constraste de sua derrota comercial com seu papel como pioneiro musical, e este não é diferente. Os números não mentem, ou mentem? Ver este álbum ainda vendendo ativamente, e sendo muito mais influente do que quase todos os seus contemporâneos, faz com que imaginemos o que "comercial" realmente significa. Claramente para uma gravadora, cujos contadores tendem a pensar em termos de dólares gastos neste ano *versus* dólares feitos neste ano, "comercial" significa um disco capaz de fazer muito dinheiro de uma só vez. É um antigo padrão para uma indústria que geralmente lucra enormes quantias de dinheiro com o lançamento de material de antigos catálogos. Uma casa bem-sucedida se mantém em pé por cinquenta, cem, duzentos anos; um poço de petróleo bem-sucedido pode durar um quarto de século. Um álbum bem-sucedido — segundo os padrões das gravadoras — precisa se manter durante um ano, contanto que seja um ano obscenamente lucrativo. Seria essa a razão pela qual tantas grandes gravadoras se tornaram tão frágeis quanto uma casa pré-fabricada, dessas que você espera encontrar perto de uma base militar, construções inferiores cujo exterior aparece rachado depois de algumas estações e decrépito em uma década?

Eles tiveram mais de 35 anos para aprender a lição: talvez agora seja a hora de as gravadoras começarem a distinguir entre discos que são um lixo, que vendem por um tempo e se tornam inúteis, e álbuns como os do Velvet, que são as notas de rendimento médio da indústria, firmes por décadas, mantendo seu valor com o passar do tempo. Uma mudança de direção poderia ter ocorrido na época do punk; ainda pode acontecer, e a indústria se beneficiaria enormemente disso. É interessante notar, quando se observa gravadoras que mantiveram um alto nível em comparação a selos oportunistas, que o último selo que assinou com o Velvet (antes que a partida de Lou Reed sinalizasse definitivamente o fim do grupo) foi a Atlantic Records. Durante toda sua carreira, e durante a vida de sua empresa, Ahmet Ertegun sempre foi capaz de ver o valor a longo prazo — quando o artista possuía talento e merecia.

E se — estas duas palavras mágicas que sustentam um universo inexplorado por trás de si — o Velvet tivesse sido bem-sucedido e assinado com um enorme selo, que realmente os apoiasse? Sob a luz dos feitos pioneiros realizados pela banda, Norman Dolph parece feliz em ter fracassado em seu intuito de vender o grupo: "Se a Columbia Records tivesse comprado o disco, acho que o resultado seria completamente diferente. No máximo eles teriam se tornado o Moby Grape. O fato de não terem assinado com a Columbia foi um grande benefício para eles."[135]

Talvez o erro, tendo em vista o estilo musical altamente experimental que o Velvet tocava (particularmente nos dois primeiros álbuns), tenha sido vender sua música como rock, em primeiro lugar. Comparadas a lançamentos de jazz e música clássica, as vendas do primeiro álbum do Velvet Underground talvez não tivessem parecido tão desanimadoras — ninguém espera que James Blood Ulmer ou Sun Ra vendam como Michael Jackson.

Por outro lado, Sterling Morrison certamente teria discordado da ideia de o grupo ser mensurado por qualquer outro padrão que não o do rock'n'roll. Em uma entrevista concedida

---

[135] Harvard, *Dolph*, p. 12.

pouco antes de sua morte, discutindo a realização do grupo ao conseguir um som pop altamente vendável em *Loaded*, Morrison afirma: "Provou-se que poderíamos, a qualquer hora, criar sucessos comerciais verdadeiros. Nós naturalmente optávamos por não fazê-lo, pois nosso material era incompatível com o tratamento recebido pela música pop. Mas as pessoas imaginavam: 'Será que eles conseguiriam fazer se tivessem que fazer?' A resposta seria: 'Sim, nós poderíamos.' E nós fizemos."[136] Mas se o que preocupa as pessoas é se uma banda seria capaz ou não de gravar um disco verdadeiramente incrível, um disco que se manteria vital, poderoso, belo e inspirador, para além da vida da banda, a resposta é: "Sim, seria capaz." E com *The Velvet Underground and Nico* foi assim.

---

[136] Fricke, *Loaded*, p. 3.

Bibliografia

BANGS, Lester. *Psychotic Reactions and Carburetor Dung*. Nova York: Random House, 1988.

BARRIOS, Greg. "Velvet Underground: An interview with Sterling Morrison". Impressão original em *Fusion*, 6 de março de 1970.

BAXTER, John; Alan Reder. *Listen to This*. Nova York: Hyperion, 1999.

BOCKRIS, Victor. *Transformer: The Lou Reed Story*. Nova York: Simon & Schuster, 1994.

BOCKRIS, Victor. *Uptight: The Velvet Underground Story*. Londres: Omnibus Press, 2002.

BOWIE, David. "Andy Warhol", do LP *Hunky Dory*. RCA Records, 1971.

BRESNICK, Paul. *Da Capo Best Music Writing 2002*. Cambridge: Da Capo Press, 2002.

CHANDLER, Raymond. *The Midnight Raymond Chandler*. Boston: Houghton Mifflin Co., 1971.

CLARK, Jeff. "Wal Mart Of Sound… Moe Tucker".

DANIELS, Henry. "The Velvet Underground". 5 de novembro de 1971, edição do zine inglês *Frendz*.

DI PERNA, Alan. "Transformer…". In: *Guitar World Magazine*. Nova York: Harris Publications, setembro de 1998.

EICHENBERGER, Bill. "The Songs the Thing". In: *Columbus Dispatch*. Columbus: Columbus Dispatch, novembro de 1989.

ERLEWINE, Michael et al. *All Music Guide, 3rd Edition*. São Francisco: Miller Freeman Books, 1997.

FLANAGAN, Bill. "White Light White Heat: Lou Reed and John Cale remember Andy Warhol". In: *Musician Magazine*, Edição 126, abril de 1989.

FRICKE, David. Liner Notes to *Peel Slowly and See*. Nova York: Polydor Records #3 1452 7887-2 [5-CD VU Box Set], PolyGram Records, Inc., 1995.

FRICKE, David. Liner Notes to *Loaded* (*Fully Loaded Edition*). Rhino Records, 1997.

HARVARD, Joe. *The Jonathan Richman Interview: On the Phone with JH*, 3 de julho, 1998. Little Big Horn Publishing.

HARVARD, Joe. *The Norman Dolph Interview: On the Phone with JH*, 3 de julho de 1998. Little Big Horn Publishing.

Hear Music *Artist's Choice: An Interview with John Cale*. Washington D.C.: Biscuit Factory Publications, Inc., 1995.

HEYLIN, Clinton (ed). *Da Capo Book of Rock & Roll Writing*. Cambridge: Da Capo Press, 2002.

ISLER, Scott. "Violence, Viola and Enigma Variations". In: *Musician Magazine*, Edição 126, abril de 1989.

JULIÀ, Ignacio. "Sterling Morrison: So What's With the Fourth Chord?", originalmente impresso em Ruta 66, Edição do verão de 2001.

KAPLAN, Justin. *Lincoln Steffens*. Nova York: Simon & Schuster, 1974.

KENT, Nick. *The Dark Stuff: Selected Writings on Rock Music*. Cambridge: Da Capo Press, 2002.

KLOSTERMAN, Chuck; Greg Milner & Alex Pappadema. "The Fifteen Most Influential Albums of All Time (...not recorded by the Beatles, Bob Dylan, Elvis or Rolling Stones)". *Spin: the Ultimate List Issue*. Nova York: Simon & Schuster, abril de 2003.

MARTIN, Bill. *Avant Rock: Experimental Music from the Beatles to Bjork*. Chicago: Carus Publishing, 2002.

MERCURI, Sal (org). "Doug Yule: Sterling Memories". In: *The Velvet Underground fanzine*, vol. 5, Fierce Pup Productions inverno/primavera de 1996.

MERCURI, Sal. "Peel Slowly and See: the Velvet Underground Box Set". *The Velvet Underground fanzine*. Fierce Pup Productions, outono de 1995.

MERCURI, Sal (ed). "Doug Yule: Head Held High". *The Velvet Underground fanzine*, vol. 3, outono/inverno 1994 Fierce Pup Productions.

MCNEIL, Legs & Gilliam McCain. *Please Kill Me*. Nova York: Penguin Books, 1997.

MODERN, Nick et al. "Sterling Morrison: Reflections In A Lone Star Beer". Originalmente em *SLUGGO magazine*.

PALMER, Robert. *Rock and Roll: An Unruly History*. Nova York: Harmony Books, 1995.

POTTER, Harold (arranjo). Partitura de "La Cucaracha". Filadélfia: Morris Music, 1934.

REED, Lou. "The Warrior Heart of the Velvet Underground". Obituário da *New York Times Magazine*.

REES, Dafydd & Luke Crampton. *VH-1 Rock Star Encyclopedia*. Londres: Dorling Kindersley, 1999.

RICHMAN, Jonathan. "Velvet Underground" do LP *I, Jonathan*. Cambridge: Rounder Records, 1992.

SCHLEMOWITZ, Joel. "Leopold von Sacher-Masoch". Nova York: Joel Schlemowitz, 1999.

UNTERBERGER, Richard. "Tom Wilson". ARTISTdirect Inc., 1997-2003. Trecho de http://www.artistdirect.com/music/artist/bio/0,,510719,00.html?artist=Tom+Wilson

WARD, Ed; GEOFFREY, Stokes & KEN, Tucker. *Rolling Stone History of Rock*. Nova York: Rolling Stone Press, 1986.

WHITWORTH, Dan. "Royalty in Repose". Entrevista com Dan Whitworth, transcrita da *AXCESS Magazine*, 1994.

© Editora de Livros Cobogó

Editoras
Isabel Diegues
Barbara Duvivier

Editora Assistente
Julia Barbosa

Organização da coleção
Frederico Coelho
Mauro Gaspar Filho

Tradução
Thiago Lins

Coordenação de produção
Melina Bial

Assistente editorial
Catarina Lins

Revisão
Carolina Falcão

Capa
Radiográfico

Projeto gráfico e diagramação
Mari Taboada

CIP-BRASIL. CATALOGAÇÃO-NA-FONTE
SINDICATO NACIONAL DOS EDITORES DE LIVROS, RJ

Harvard, Joe
H268v The Velvet Underground and Nico / Joe Harvard; tradução Thiago Lins. – 1. ed. – Rio de Janeiro: Cobogó, 2014.
152 p.; 19 cm. (O livro do disco)

Tradução de: The Velvet underground and Nico
ISBN 9788560965
1. The Velvet Underground and Nico (Grupo musical). 2. Músicos de rock – Estados Unidos – Biografia. I. Título. II. Série.

14-17568   CDD: 927.824166
                                              CDU: 929:78.067.26

Nesta edição, foi respeitado o Acordo Ortográfico da Língua Portuguesa de 1990, que entrou em vigor no Brasil em 2009.

Todos os direitos em língua portuguesa reservados à
Editora de Livros Cobogó Ltda.
Rua Jardim Botânico, 635/406
Rio de Janeiro – RJ – 22470-050
www.cobogo.com.br

Coleção **O Livro do Disco**

Organização
Frederico Coelho
Mauro Gaspar

A tábua de esmeralda | *Jorge Ben*
Paulo da Costa e Silva

Estudando o samba | *Tom Zé*
Bernardo Oliveira

Daydream Nation | *Sonic Youth*
Matthew Stearns

Endtroducing... | *Dj Shadow*
Eliot Wilder

LadoB LadoA | *O Rappa*
Frederico Coelho

NO PRELO

Songs in the Key of Life | *Stevie Wonder*
Zeth Lundy

Unknown Pleasures | *Joy Division*
Chris Ott

2014
_____

1ª impressão

Este livro foi composto em Helvetica.
Impresso pela gráfica Stamppa,
sobre papel Offset 75g/m².